biblio

Boule de Suif

Guy de Maupassant

Livret pédagogique

Établi par Stéphane GUINOISEAU,
agrégé de Lettres modernes,
professeur en collège.

HACHETTE
Éducation

Conception graphique

Couverture et intérieur : Médiamax

Mise en page

Médiamax

Illustration

Harvey Stevenson

© Hachette Livre, 2006.
43, quai de Grenelle, 75905 PARIS Cedex 15.
ISBN : 2.01.169204.0

SOMMAIRE

RÉPONSES AUX QUESTIONS

Avertissement

Nous ne proposons pas de réponses aux questions de la rubrique « À vos plumes ! ». En effet, nous considérons que cette rubrique, relevant avant tout d'un travail personnel, ne peut faire l'objet d'une correction type.

Les indications de pages accompagnant le découpage en cinq parties de la nouvelle renvoient aux questionnaires du livre de l'élève.

Iʳᵉ PARTIE (pp. 7 à 17)

◆ QUE S'EST-IL PASSÉ ?

1. Les réponses sont : *a)* débâcle – *b)* Rouen★ – *c)* Prussiens – *d)* dix – *e)* Dieppe.

★ On peut en profiter pour remarquer que le nom de la ville n'est pas donné immédiatement. On a d'abord la mention d'une « *ville* », « *la ville* » dans la première phrase. La ville est nommée dans la phrase : « *Les Prussiens allaient entrer dans Rouen* » (l. 31).

◆ AVEZ-VOUS BIEN LU ?

2. Les soldats français ne combattent pas : ils ont quitté Rouen la veille de l'arrivée des troupes allemandes.

3. Les « *moblots* » (l. 11) sont des soldats de la garde nationale mobile.

4. Les occupants ne se livrent pas à des exactions spectaculaires et semblent même assez courtois avec la population civile. On notera tout de même la restriction apportée par l'adverbe « parfois » dans une phrase comme : « *Il* [l'officier prussien] *était parfois bien élevé, et, par politesse, plaignait la France, disait sa répugnance en prenant part à cette guerre* » (l. 96 à 98).

5. Les passagers de la diligence quittent Rouen en plein hiver : il neige et un froid glacial règne.

6. Certaines passagères emportent « *des petites chaufferettes en cuivre* » (l. 214–215).

◆ ÉTUDIER LA GRAMMAIRE

7. Dans le premier paragraphe, on trouve les pronoms suivants : « *ce* » (l. 2), pronom démonstratif ; « *ils* » (l. 5), pronom personnel ; « *tous* » (l. 6), pronom indéfini ; « *ils* » (l. 9), pronom personnel ; « *on* » (l. 9), pronom indéfini ; « *eux* » (l. 13), pronom personnel ; « *qui* » (l. 17), pronom relatif.

8. Les adjectifs indéfinis sont : « *plusieurs* » (l. 1) ; « *quelques* » (l. 13) ; « *divers* » (l. 15).

9. Le temps dominant de cette partie, très largement descriptive, est l'imparfait : on peut rappeler sa valeur « durative » et son emploi habituel dans les « pauses » de la narration (qui utilise, quant à elle, plus volontiers le passé simple.)

10. Le premier verbe au conditionnel présent apparaît dans cette phrase : « *En le ménageant, on <u>obtiendrait</u> peut-être quelques hommes de moins à nourrir* » (l. 100 à 102). Puis dans le même passage : « *Agir ainsi <u>serait</u> moins de la bravoure que de la témérité* » (l. 103-104). Dans ce passage, Maupassant fait allusion aux pensées et aux discours des Rouennais : il utilise le discours indirect libre et le conditionnel présent remplace le futur simple du discours direct, dans le premier exemple au moins.

11. L'arrivée des soldats allemands, après le départ des troupes françaises et l'attente des habitants, est marquée par l'apparition du passé simple : « *Dans l'après-midi du jour qui <u>suivit</u> le départ des troupes françaises, quelques uhlans, sortis on ne sait d'où, <u>traversèrent</u> la route avec célérité* » (l. 58 à 60). Le passé simple correspond à une action circonscrite dans le temps et intégrée au récit : il a une valeur ponctuelle.

À plusieurs reprises, le narrateur sort de sa position de spectateur pour faire des commentaires au présent de vérité générale (et orienter, par là même, la signification de sa description). Prenons un exemple clair : « *Mais plus un négociant normand <u>devient</u> opulent et plus il <u>souffre</u> de tout sacrifice, de toute parcelle de sa fortune qu'il <u>voit</u> passer aux mains d'un autre* » (l. 129 à 131).

◆ ÉTUDIER LE VOCABULAIRE

12. Un champ lexical désigne l'ensemble des mots qui, dans un passage, un texte, évoquent un même thème. Le champ lexical de la peur est très présent et dynamite de l'intérieur les prétentions à l'héroïsme qu'affichent ici ou là certains soldats ou fanfarons.

– Les petits moblots sont « *faciles à l'<u>épouvante</u>* » (l. 11).
– Les chefs des légions de francs-tireurs « <u>redoutaient</u> *parfois leurs propres soldats* » (l. 28-29).
– La garde nationale « <u>épouvantait</u> *naguère les bornes des routes nationales* » (l. 37-38).
– Le premier paragraphe évoquant les bourgeois de Rouen insiste aussi sur la peur : « *une attente <u>épouvantée</u>* » (l. 48) ; « *attendaient <u>anxieusement</u>* » (l. 50-51) ; « *<u>tremblant</u>* » (l. 51).
Notons la reprise du mot « *épouvante* » dans ce passage sous différentes formes : le nom commun, le verbe, l'adjectif.

13. Le mot « *héroïque* » apparaît pour la première fois avec l'évocation des « *légions de francs-tireurs aux appellations <u>héroïques</u>* » (l. 18). Remarquons ici l'ironie de Maupassant puisque les appellations sont contredites par la débâcle et la fuite. Seul le nom demeure héroïque et renvoie à un passé glorieux et oublié. On peut ajouter un commentaire : chaque appellation héroïque est double. Le premier terme est infirmé par le récit puisque le spectacle et la description suivante de Maupassant montrent que les soldats ne sont ni des « *Vengeurs* » (l. 19), ni des « *Citoyens* » (l. 19) qui défendraient la Cité et la République, ni des « *Partageurs* » (l. 20)… En revanche, « *Défaite* » (l. 19), « *Tombe* » (l. 19) et « *Mort* » (l. 20) qualifient bien le spectacle offert…
La seconde apparition du mot « *héroïque* » renvoie au passé lointain et glorieux de la résistance incarnée par Rouen au Moyen Âge : « *Et la témérité n'est plus un défaut des bourgeois de Rouen, comme au temps des défenses <u>héroïques</u> où s'illustra leur cité* » (l. 104 à 106). Là aussi, le présent de la débâcle et de l'abandon est comparé à un âge héroïque lointain et aboli.

14. Le mot « *urbanité* » (l. 107) désigne la politesse. Il est dérivé du latin *urbs, urbis* qui désigne la « ville ». On retrouve cette racine latine dans d'autres mots français comme « urbain », « urbanisation », « urbanisme », « urbaniser », « rurbanisation »…

15. Les hommes (c'est-à-dire les soldats) à l'« *allure molle* » (l. 5) sont « *accablés* » (l. 6), « *éreintés* » (l. 6-7), « *tombant de fatigue* » (l. 8).

◆ *ÉTUDIER L'ORTHOGRAPHE*

16. « Dans beaucoup de familles, les officiers prussiens mangeaient à table. Ils étaient parfois bien élevés, et, par politesse, plaignaient la France, disaient leur répugnance en prenant part à cette guerre. On leur était reconnaissant de ce sentiment ; puis on pouvait, un jour ou l'autre, avoir besoin de leur protection. En les ménageant on obtiendrait peut-être quelques hommes de moins à nourrir. Et pourquoi blesser ceux dont on dépendait tout à fait ? »

◆ *ÉTUDIER UN THÈME : LA DÉBÂCLE*

17. Noms péjoratifs : « *lambeaux* » (l. 1) ; « *déroute* » (l. 2) ; « *hordes* » (l. 3) ; « *guenilles* » (l. 5)…
On expliquera les différents sens possibles du mot « *lambeaux* ».
Adjectifs péjoratifs : « *débandées* » (l. 3) ; « *sale* » (l. 4) ; « *molle* » (l. 5) ; « *accablés* » (l. 6)…

18. La description opère en deux temps : un premier plan large, peut-on dire, permet la description de la « débandade » générale. Les pluriels collectifs (les « *lambeaux d'armée* », les « *hordes* », les « *hommes* ») présentent un aperçu de l'ensemble des troupes. Ce premier mouvement aboutit à la reprise pronominale de l'indéfini « *tous* » (l. 6). Puis dans un deuxième temps, qui est annoncé par le verbe de perception « *voyait* » (dans l'expression « *on voyait* », l. 9), le narrateur va détailler les divers éléments repérables dans cet ensemble : les « *mobilisés* », les « *moblots* », les « *culottes rouges* », les « *artilleurs* », un « *dragon* », les « *lignards* » (l. 11 à 17).

19. Les chefs ne sont pas des militaires professionnels : « *anciens commerçants en draps* » (l. 22). Ils ne sont donc pas vraiment formés au combat (ce qui explique aussi la débâcle française face aux Prussiens). Leur fonction tient davantage à leur fortune ou à leur statut social de notables que l'expression « *longueur de leurs moustaches* » (l. 24-25) résume ironiquement.
Leur statut d'officier est donc honorifique et l'adjectif « *couverts* » (l. 25) insiste ici sur les avantages matériels qui symbolisent alors leur puissance : « *armes* », « *flanelle* » et « *galons* » (l. 25-26). La succession des trois verbes d'énonciation qui suivent *(« parlaient », « discutaient », « prétendaient »*, l. 26-27) montre le registre réel de leur action. Ils parlent, mais n'agissent pas (on remarquera ici le rythme ternaire et la gradation ascendante des verbes). Le mot « *fanfarons* » (l. 28) annule à lui seul l'efficacité de leurs paroles et de leurs plans en les renvoyant à une incompétence réelle. L'opinion de Maupassant s'exprime ici assez directement.
La dernière proposition vient confirmer le mot « *fanfarons* » puisqu'une double opposition apparaît. Une opposition sociale d'abord entre les bourgeois « *officiers* » (l. 24) et les « *gens de sac et de corde* » (l. 29-30) qui composent les troupes.

Cette opposition sociale se double d'une opposition morale implicite entre le courage de ces soldats mais aussi leur négligence de la discipline militaire, et la flagornerie des notables qui sont gagnés par la peur de leurs propres troupes : « *ils redoutaient parfois leurs propres soldats* » (l. 28-29). Signalons enfin que les notables de Rouen, par crainte d'une contamination révolutionnaire et d'une rébellion populaire, ne souhaitèrent pas armer le peuple de Rouen. Certains préférant même à la révolution ou au désordre populaire l'invasion des troupes prussiennes avec lesquelles on pourrait toujours composer… De même, ceux qui ont vu le film *Le Chagrin et la Pitié* (1969) sur l'occupation allemande (à Clermont-Ferrand) pendant la Seconde Guerre mondiale se souviendront peut-être des commentaires de Pierre Mendès France : chez certains civils et chez certains militaires, on préférait vraiment Hitler à Léon Blum et l'on craignait avant tout la menace communiste… Les nazis étaient alors accueillis avec une certaine bienveillance ou un certain fatalisme complaisant.

20. La garde nationale est le symbole de cette résistance inefficace et de l'incompétence militaire. Les indices ironiques se multiplient dans ce paragraphe.
– Le superlatif « *très prudentes* » (l. 33) semble indiquer l'absence de motivation du groupe entier, pour ne pas dire sa lâcheté.
– Le détail suivant montre de plus son incompétence et l'absurdité de son action : « *fusillant parfois ses propres sentinelles* » (l. 34).
– L'évocation du « *petit lapin* » (l. 35) qui affole les troupes conjugue les deux dimensions : incompétence et peur démesurée.
– La précision suivante poursuit la visée ironique : « *dont elle épouvantait naguère les bornes des routes nationales* » (l. 37-38).

21. « *Beaucoup de bourgeois bedonnants, émasculés par le commerce, attendaient anxieusement les vainqueurs, tremblant qu'on ne considérât comme une arme leurs broches à rôtir ou leurs grands couteaux de cuisine* » (l. 49 à 53).
On peut retenir ici trois idées.
– Les précisions physiques servent aussi à indiquer les dispositions psychiques ! Les mots « *bedonnants* » et « *émasculés* » soulignent aussi l'absence de force et de courage « virils ».
– Le registre de la peur est aussi souligné par la présence de deux mots : « *anxieusement* » et « *tremblant* ».
– Enfin leur domaine de référence semble être la nourriture puisque les attributs que leur accorde Maupassant sont les « *broches à rôtir* » et les « *couteaux de cuisine* ».

◆ ÉTUDIER LE DISCOURS

22. Indicateurs temporels organisant la description.

– « *Pendant plusieurs jours de suite* » (l. 1) : la débâcle des troupes françaises.

– « *Dans l'après-midi du jour qui suivit le départ des troupes françaises* » (l. 58-59) : l'invasion allemande.

– « *C'était l'occupation après l'invasion* » (l. 91-92) : l'occupation allemande.

– « *Au bout de quelque temps* » (l. 94) : l'occupation allemande (suite).

– « *La ville même reprenait peu à peu de son aspect ordinaire* » (l. 113-114) : la cohabitation franco-allemande.

– « *Enfin, comme les envahisseurs* » (l. 144) : la résolution de quitter Rouen des passagers de la diligence.

– « *Un mardi matin, avant le jour* » (l. 158-159) : le départ des voyageurs.

Signalons que la ville de Rouen fut occupée du 6 décembre 1870 au 21 juillet 1871. La population vit 8 000 soldats allemands entrer dans la ville le 6 décembre.

23. Deux passages au présent de vérité générale.

– Le premier passage, le plus développé, commence par cette phrase : « *Les habitants, dans leurs chambres assombries, avaient l'affolement que donnent les cataclysmes, les grands bouleversements meurtriers de la terre, contre lesquels toute sagesse et toute force sont inutiles* » (l. 72 à 76). Maupassant développe et file la métaphore qu'il avait lancée pour décrire l'arrivée des Prussiens : l'inondation. Il fait en quelque sorte une pause dans le mouvement descriptif pour réfléchir, à la manière d'un moraliste délivrant des réflexions à portée générale, sur le comportement humain en période de crise : celle-ci abolit les croyances naïves en une Providence divine protectrice ou en une justice transcendante. De plus, la croyance dans les pouvoirs d'une raison humaine et d'un ordre du monde est remise en question : des pulsions incontrôlées apparaissent et la déraison semble régner. Ce commentaire confirme la philosophie pessimiste de Maupassant, inspirée, entre autres, par Schopenhauer.

– La seconde maxime que l'on peut retenir au présent de vérité générale est celle-ci : « *Car la haine de l'Étranger arme toujours quelques Intrépides prêts à mourir pour une Idée* » (l. 142-143). Les actes de résistance qu'illustre cette maxime sont, on le remarquera ici, inspirés par la « *haine de l'Étranger* », formule suffisamment vague pour susciter des interprétations très prudentes : alors que l'on pouvait avoir l'impression qu'un certain « *héroïsme* » était attribué aux actes meurtriers dans le paragraphe précédent, ces actes apparaissent ici comme les indices d'un nationalisme volontiers raciste. Ils s'inscrivent dans la logique perverse et sauvage de la guerre.

24. L'antimilitarisme de Maupassant apparaît assez clairement dans cette remarque : les soldats allemands ne sont pas pires (mais pas meilleurs non plus) que les soldats français qui pavoisaient un an auparavant.

◆ Étudier l'écriture

25. Une « énumération » est une succession de mots de même nature dans un passage souvent descriptif : elle permet alors de détailler un ensemble, en précisant certaines parties qui le composent. La description des soldats français, dans le premier paragraphe, est l'occasion d'une énumération des différents groupes qui composent cette troupe en déroute.

26. La métaphore utilisée est celle de l'inondation. L'expression « *flots envahisseurs* » (l. 62) condense cette image que d'autres mots annoncent ou reprennent.

27. Les voyageurs de la diligence.
– Certains sont commerçants et ont de gros intérêts dans la ville du Havre.
– Ils connaissent des officiers allemands et ont une certaine influence.
– Trois hommes se connaissent : ils emmènent avec eux leur femme.
– Ce sont des « *bourgeois* » (l. 190).
– Les quatre autres passagers ne sont pas décrits.

28. La religion est évoquée à deux reprises.
– D'une part, dans le passage déjà commenté au présent de vérité générale : les cataclysmes, qu'ils soient naturels ou d'origine humaine (les guerres) sont de véritables interrogations métaphysiques. Ils « *déconcertent toute croyance à la justice éternelle, toute la confiance qu'on nous enseigne en la protection du ciel* » (l. 87 à 89). À cette réflexion s'ajoute un autre « scandale » métaphysique : les massacres se font souvent au nom de Dieu (« *l'armée glorieuse massacrant ceux qui se défendent, emmenant les autres prisonniers, pillant au nom du sabre et remerciant un dieu au son du canon* », l. 84 à 86).
– D'autre part, l'évocation des voyageurs donne lieu à une comparaison assez iconoclaste qui semble confirmer l'irrespectueux « scepticisme » de Maupassant : « *l'entassement des lourds vêtements d'hiver faisait ressembler tous ces corps à des curés obèses avec leurs longues soutanes* » (l. 169 à 171).

29. Quelques procédés présents dans l'avant-dernier paragraphe.

– La répétition de l'adverbe *« lentement »* (l. 223) ralentit la phrase et insiste sur la difficulté du voyage.

– La métaphore introduite par le verbe *« geignait »* (l. 225) confirme cette difficulté en introduisant le registre de la souffrance.

– Les allitérations en « s » et en « f » semblent mimer le souffle des chevaux ou le crissement des roues sur la neige.

– La comparaison du fouet et du serpent peut avoir plusieurs significations : symbolisme religieux ou élémentaire (la créature de la terre confirme l'enlisement malgré la voltige du fouet)…

Ces procédés placent le voyage sous le signe de la souffrance, de la difficulté. Il n'est pas interdit de penser que la croupe rebondie brusquement cinglée par le fouet-serpent (le mal, donc) renvoie (par une sorte de métaphorisation cataphorique) au postérieur généreux de celle qui fera les frais de ce voyage !

◆ RECHERCHES, EXPOSÉS ET DÉBATS

31. Pour répondre à cette question, on pourra faire lire aux élèves un extrait de l'article publié par Maupassant dans le *Gil Blas* du 11 décembre 1883. Cet article en dit long sur l'opinion de Maupassant sur la guerre et son « anti-militarisme ». Il peut être utilisé comme texte argumentatif pour compléter aussi la lecture de la nouvelle ou aborder une nouvelle séquence.

« Donc on parle de guerre avec la Chine. Pourquoi ? on ne sait pas. Les ministres en ce moment hésitent, se demandant s'ils vont faire tuer du monde là-bas. Faire tuer du monde leur est égal, le prétexte seul les inquiète. La Chine, nation orientale et raisonnable, cherche à éviter ces massacres mathématiques. La France, nation occidentale et barbare, pousse à la guerre, la cherche, la désire.

Quand j'entends prononcer ce mot : la guerre, il me vient un effarement comme si on me parlait de sorcellerie, d'inquisition, d'une chose lointaine, finie, abominable, monstrueuse, contre nature.

Quand on parle d'anthropophages, nous sourions avec orgueil en proclamant notre supériorité sur ces sauvages. Quels sont les sauvages, les vrais sauvages ? Ceux qui se battent pour manger les vaincus ou ceux qui se battent pour tuer, rien que pour tuer ?

Une ville chinoise nous fait envie : nous allons pour la prendre massacrer cinquante mille Chinois et faire égorger dix mille Français. Cette ville ne nous servira à rien. Il n'y a là qu'une question d'honneur national. Donc l'honneur national (singulier honneur !) qui nous pousse à prendre une cité qui ne nous appartient pas, l'honneur national qui se trouve satisfait par le vol, par le vol d'une ville, le sera davantage encore par la mort de cinquante mille Chinois et de dix mille Français.

Et ceux qui vont périr là-bas sont des jeunes hommes qui pourraient travailler, produire, être utiles. Leurs pères sont vieux et pauvres. Leurs mères, qui pendant vingt ans les ont aimés, adorés comme adorent les mères, apprendront dans six mois que le fils, l'enfant, le grand enfant élevé avec tant de peine, avec tant d'argent, avec tant d'amour, est tombé dans un bois de roseaux, la poitrine crevée par les balles. [...]

La guerre !... se battre !... tuer !... massacrer des hommes !... et nous avons aujourd'hui, à notre époque, avec notre civilisation, avec l'étendue de science et le degré de philosophie où est parvenu le génie humain, des écoles où l'on apprend à tuer, à tuer de très loin, avec perfection, beaucoup de monde en même temps, à tuer de pauvres diables d'hommes innocents, chargés de famille, et sans casier judiciaire. [...] *Et voici que M. Jules Ferry, pour un caprice diplomatique dont s'étonne la nation, dont s'étonnent les députés, va condamner à mort, d'un cœur léger, quelques milliers de braves garçons.*

Et le plus stupéfiant c'est que le peuple entier ne se lève pas contre les gouvernements. Quelle différence y a-t-il donc entre les monarchies et les républiques ? Le plus stupéfiant, c'est que la société tout entière ne se révolte pas à ce seul mot de guerre.

Ah ! nous vivrons encore pendant des siècles sous le poids des vieilles et odieuses coutumes, des criminels préjugés, des idées féroces de nos barbares aïeux.

[...]

Aujourd'hui, la force s'appelle la violence et commence à être jugée ; la guerre est mise en accusation. La civilisation, sur la plainte du genre humain, instruit le procès et dresse le grand dossier criminel des conquérants et des capitaines. Les peuples en viennent à comprendre que l'agrandissement d'un forfait n'en saurait être la diminution ; que si tuer est un crime, tuer beaucoup n'en peut pas être la circonstance atténuante ; que si voler est une honte, envahir ne saurait être une gloire.

Ah ! proclamons ces vérités absolues, déshonorons la guerre !

Un artiste habile en cette partie, un massacreur de génie, M. de Moltke, a répondu, voici deux ans, aux délégués de la paix, les étranges paroles que voici : "La guerre est sainte, d'institution divine ; c'est une des lois sacrées du monde ; elle entretient chez les hommes tous les grands, les nobles sentiments, l'honneur, le désintéressement, la vertu, le courage, et les empêche en un mot de tomber dans le plus hideux matérialisme !"

Ainsi, se réunir en troupeaux de quatre cent mille hommes, marcher jour et nuit sans repos, ne penser à rien, ne rien étudier, ne rien apprendre, ne rien lire, n'être utile à personne, pourrir de saleté, coucher dans la fange, vivre comme les brutes dans un hébétement continu, piller les villes, brûler les villages, ruiner les peuples, puis rencontrer une autre agglomération de viande humaine, se ruer dessus, faire des lacs de sang, des plaines de chair pilée mêlée à la terre boueuse et rougie, des monceaux de cadavres, avoir les bras et les jambes emportés, la cervelle écrabouillée sans profit pour personne, et crever au coin d'un champ tandis que vos vieux parents, votre femme et vos enfants meurent de faim ; voilà ce qu'on appelle ne pas tomber dans le plus hideux matérialisme.

Les hommes de guerre sont les fléaux du monde. Nous luttons contre la nature, contre l'ignorance, contre les obstacles de toutes sortes, pour rendre moins dure notre misérable vie. Ses hommes, des bienfaiteurs, des savants usent leur existence à travailler, à chercher ce qui peut aider, ce qui peut secourir, ce qui peut soulager leurs frères. Ils vont, acharnés à leur besogne utile, entassant les découvertes, agrandissant l'esprit humain, élargissant la science, donnant chaque jour à l'intelligence une somme de savoir nouveau [...].

La guerre arrive. En six mois, les généraux ont détruit vingt ans d'efforts, de patience, de travail et de génie.

Voilà ce qu'on appelle ne pas tomber dans le hideux matérialisme.

Nous l'avons vue, la guerre. Nous avons vu les hommes redevenus des brutes, affolés, tuer par plaisir, par terreur, par bravade, par ostentation. Alors que le droit n'existe plus, que la loi est morte, que toute notion du juste disparaît, nous avons vu fusiller des innocents trouvés sur une route et devenus suspects parce qu'ils avaient peur. Nous avons vu tuer des chiens enchaînés devant la porte de leurs maîtres pour essayer des revolvers neufs, nous avons vu mitrailler par plaisir des vaches couchées dans un champ, sans aucune raison, pour tirer des coups de fusils, histoire de rire.

Voilà ce qu'on appelle ne pas tomber dans le plus hideux matérialisme.

[...]

Entrer dans un pays, égorger l'homme qui défend sa maison parce qu'il est vêtu d'une blouse et n'a pas de képi sur la tête, brûler les habitations de misérables gens qui n'ont plus de pain, casser les meubles, en voler d'autres, boire le vin trouvé dans les caves, violer les femmes trouvées dans les rues, brûler des millions de francs en poudre, et laisser derrière soi la misère et le choléra.

Voilà ce qu'on appelle ne pas tomber dans le plus hideux matérialisme.

[...]

Pourquoi ne jugerait-on pas les gouvernants après chaque guerre déclarée ? Pourquoi ne les condamnerait-on pas s'ils étaient convaincus de fautes ou d'insuffisance ?

Du jour où les peuples comprendront cela, du jour où ils feront justice eux-mêmes des gouvernements meurtriers, du jour où ils refuseront de se laisser tuer sans raison, du jour où ils se serviront, s'il le faut, de leurs armes contre ceux qui les leur ont données pour massacrer, la guerre sera morte. Et ce jour viendra. »

IIᴱ PARTIE (pp. 22 à 36)

◆ QUE S'EST-IL PASSÉ ?

1. Les réponses sont : *a)* bonnes sœurs – *b)* Boule de Suif – *c)* le comte de Bréville – *d)* M. Loiseau.

◆ AVEZ-VOUS BIEN LU ?

2. Loiseau vend du (mauvais) vin à des petits débitants.

3. Boule de Suif fait l'objet de la description physique la plus précise.

◆ ÉTUDIER LA GRAMMAIRE

4. Subordonnées de conséquence.

– « *Sa réputation de filou était si bien établie, qu'un soir, à la préfecture, M. Tournel, auteur de fables et de chansons, esprit mordant et fin, une gloire locale, avait proposé aux dames […] de faire une partie de "Loiseau vole"* » (l. 249 à 253).

– « *[…] des chuchotements coururent parmi les femmes honnêtes, et les mots de "prostituée", de "honte publique" furent chuchotés si haut qu'elle leva la tête* » (l. 350 à 353).

– « *Alors elle promena sur ses voisins un regard tellement provocant et hardi qu'un grand silence aussitôt régna, et tout le monde baissa les yeux à l'exception de Loiseau* » (l. 353 à 356). On peut transformer ce dernier exemple en utilisant une subordonnée conjonctive de cause : « Comme elle promenait sur ses voisins un regard provocant et hardi, un grand silence aussitôt régna. »

5. Le mot « *provocant* » (l. 354) est un adjectif verbal. Il s'accorde en genre et en nombre avec le nom auquel il se rapporte. Il faut distinguer cette forme du participe présent en « ant » (et du gérondif précédé de la préposition « en ») qui, lui, ne s'accorde pas. Cette forme s'écrira « provoquant ».

Exemple : « La bombe a explosé vers 8 heures, provoquant une panique indescriptible dans ce quartier. »

Un certain nombre de formes en « ant » ont la même variation orthographique en français. Le participe présent demeure souvent proche du radical infinitif, tandis que l'adjectif verbal opère une réduction.

Exemple pour l'alternance « qu » – « c » : communiquant – communicant ; convainquant – convaincant ; provoquant – provocant ; suffoquant – suffocant.

Pour l'alternance « gu » – « g » : déléguant – délégant ; divaguant – divagant ; extravaguant – extravagant ; fatiguant – fatigant ; fringuant – fringant ; intriguant – intrigant ; naviguant – navigant ; subjuguant – subjugant ; tanguant – tangant ; zigzaguant – zigzagant.

6. Les propositions introduites par « où » sont toutes des propositions subordonnées relatives dans le passage.

– « […] *toute la noblesse lui faisait fête, et son salon demeurait le premier du pays, le seul où se <u>conservât</u> la vieille galanterie* » (l. 295 à 297). Fonction du pronom relatif « où » : CC de lieu du verbe « *conservât* ».

– « *Il pensait maintenant se rendre plus utile au Havre, où de nouveaux retranchements allaient être nécessaires* » (l. 332 à 334). Fonction du pronom relatif « où » : CC de lieu de « *allaient être nécessaires* ».

– « *Savons-nous si nous trouverons seulement une maison où passer la nuit ?* » (l. 515-516). Fonction du pronom relatif « où » : CC de lieu du verbe « *passer* ».

7. Temps et modes des verbes soulignés.

– « […] *toute la noblesse lui faisait fête, et son salon demeurait le premier du pays, le seul où se <u>conservât</u> la vieille galanterie, et dont l'entrée <u>fût</u> difficile* » (l. 295 à 298).

– « *Mais, afin que cela ne se <u>renouvelât</u> plus, la religieuse la contraignit à boire un plein verre de bordeaux* » (l. 505 à 507).

Dans ces exemples, les verbes sont conjugués au subjonctif imparfait. Il ne sera sans doute pas inutile de rappeler la conjugaison d'un de ces verbes. Les deux premiers apparaissent dans des relatives dont l'antécédent contient l'idée d'unicité (le seul, l'unique). Cela entraîne l'apparition du subjonctif. Le second verbe au subjonctif apparaît dans une subordonnée conjonctive de but (avec « afin que »).

◆ *ÉTUDIER LE VOCABULAIRE*

8. Le mot « *fonds* » (l. 244), lorsqu'il s'écrit avec un « s », désigne un « capital » mobilier ou immobilier (ou parfois documentaire, dans une phrase comme : « Cette bibliothèque dispose d'un fonds historique très important »). Le mot « fond » sans « s » a d'autres valeurs, notamment spatiales, dans : « Il est capable de toucher le fond de cette piscine très profonde à cet endroit. » On le retrouve dans notre passage : « *Ces six personnes formaient le fond de la voiture* » (l. 301).

9. L'antonyme de « *bienveillante* » (l. 272) est « malveillante ».

10. Le mot « *gentilhomme* » (l. 283) signifie « noble », « aristocrate ». Il est formé de l'association d'un adjectif, « gentil », signifiant « noble de naissance », et du mot « homme ». Ce terme est souvent utilisé dans la littérature à partir du XIVᵉ siècle. La comédie de Molière intitulée *Le Bourgeois gentilhomme* peut donner lieu à une double explication. Historique d'abord : l'absolutisme est marqué par l'association de la bourgeoisie la plus prospère au pouvoir traditionnellement aristocratique. L'ennoblissement est la voie de promotion pour cette bourgeoisie qui nourrit des fantasmes d'ascension politique. Sémantique ensuite : l'association des deux termes a une valeur oxymorique, en quelque sorte, puisque les deux mots sont en théorie incompatibles. Le regard ironique de Molière sur les ridicules de cette bourgeoisie en quête d'anoblissement semble renforcer l'opposition entre les deux notions.

11. Trois adjectifs comprenant un préfixe négatif : « *impayable* » (l. 260) ; « *inoffensif* » (l. 326-327) ; « *incomparable* » (l. 327-328).

◆ *ÉTUDIER UN THÈME : LE REPAS*

12. La faim : le thème est annoncé par une première phrase qui fait état de la lenteur du cheminement et du retard occasionné : « *On commençait à s'inquiéter, car on devait déjeuner à Tôtes et l'on désespérait maintenant d'y parvenir avant la nuit* » (l. 384 à 386). Puis la faim est mentionnée plus directement dans un paragraphe qui lance vraiment la seconde partie de ce passage : « *L'appétit grandissait, troublait les esprits, et aucune gargote, aucun marchand de vin ne se montraient* » (l. 390-391).

Si les passagers ne trouvent pas de quoi se sustenter, c'est d'abord que le contexte de la guerre a entraîné la fermeture des « *gargotes* » (« *le passage des troupes françaises affamées ayant effrayé toutes les industries* », l. 392-393). C'est ensuite que les paysans (seule mention de ce milieu dans la nouvelle) ont caché leurs réserves par crainte du pillage militaire (l. 396 à 399).

13. Boule de Suif a emporté des provisions abondantes pour éviter de manger dans les auberges. On ne saura pas les raisons de ce choix. Elle a prévu des réserves suffisantes pour trois jours. Plusieurs indices montrent la « richesse » relative de ce panier et sa grande diversité : la « *petite assiette en faïence* » (l. 438) d'abord et la « *fine timbale en argent* » (l. 439), puis les mets eux-mêmes : « *vaste terrine* », « *pâtés* », « *fruits* », « *friandises* » (l. 439 à 443). La seconde partie de la description, quelques paragraphes plus loin, confirme cette impression avec une énumération fort appétissante : « *un pâté de foie gras,* *un pâté de mauviettes, un morceau de langue fumée, des poires de Crassane, un pavé de pont-l'évêque, des petits-fours, une tasse pleine de cornichons et d'oignons au vinaigre »* (l. 524 à 527).

14. La première réaction des passagers est la surprise ou l'envie, indiquées par le verbe et l'indéfini « tous » : « *Tous les regards étaient tendus vers elle* » (l. 449). L'envie et l'appétit sont confirmés par la phrase suivante, avec des manifestations physiologiques que Maupassant s'amuse à souligner : « *élargissant les narines, faisant venir aux bouches une salive abondante avec une contraction douloureuse de la mâchoire sous les oreilles* » (l. 450 à 452). La phrase suivante convertit cet appétit en « mépris » (l. 452) que l'on pourrait même qualifier de « haineux » chez les femmes du groupe : objet du désir de tous, le repas (mais aussi Boule de Suif elle-même, comme le montre ici la violence du rejet féminin) suscite un désir frustré qui déclenche une haine confirmée par la phrase suivante : « *Le mépris des dames pour cette fille devenait féroce, comme une envie de la tuer ou de la jeter en bas de la voiture, dans la neige, elle, sa timbale, son panier et ses provisions* » (l. 452 à 455). La fin de la phrase est fort intéressante : les femmes ne souhaitent pas se débarrasser de Boule de Suif pour s'approprier son repas, elles la détestent pour la supériorité symbolique et la différence qu'elle affiche soudainement.

15. Le premier à rompre la conspiration des appétits frustrés est Loiseau qui est présenté depuis le début du passage comme un filou jovial et débrouillard. Remarquons au passage l'utilisation de l'appellatif respectueux : « madame » (l. 462) puis la flatterie manifeste qui suit. Il sera le premier à partager le repas (puis, de façon assez directe, la timbale de Boule de Suif…), manifestant sans doute ici un appétit qui peut symboliser aussi un appétit sexuel. Cette suggestion est confirmée par le peu de cas qu'il fait alors de sa femme, puisqu'il profite de l'occasion sans pour autant inviter son épouse au moindre partage… Quant à sa façon de manger, elle contraste avec la délicatesse de Boule de Suif qui s'attaque elle aussi au poulet : « *Elle prit une aile de poulet et, délicatement, se mit à la manger avec un de ces petits pains qu'on appelle "Régence"* » (l. 446 à 448). Loiseau, quant à lui, « *enleva une cuisse* [!] *toute vernie de gelée, la dépeça des dents, puis la mâcha* » (l. 467-468).

Les bonnes sœurs sont ensuite invitées par Boule de Suif et acceptent sans façon. Puis c'est au tour de Cornudet. Seul Loiseau donc, dans le groupe des notables « rentés », se distingue à ce moment. Puis c'est au tour de Mme Loiseau (on remarquera qu'elle ne demande pas directement à Boule de Suif). Les quatre derniers personnages qui représentent, dans l'échelle sociale, les plus favorisés, céderont les derniers…

16. Deux qualités de Boule de Suif sont mises en évidence ici (et dans d'autres passages de cette partie) :
– sa générosité lorsqu'elle offre son repas sans calcul ;
– son courage quand sa maison menace d'être envahie et qu'elle résiste énergiquement à l'occupation.

◆ *ÉTUDIER LE DISCOURS*

17. Les passagers de la diligence sont : M. Loiseau, commerçant fortuné ; Mme Loiseau, commerçante ; M. Carré-Lamadon, industriel et membre du Conseil général ; Mme Carré-Lamadon ; le comte Hubert de Bréville, membre du Conseil général et riche aristocrate ; la comtesse (cette première série symbolise le pouvoir politique, financier : ce sont des notables, nouveaux ou anciens) ; la bonne sœur la plus vieille ; l'autre, plus jeune ; Cornudet, oisif républicain en attente d'un poste opportun ; Boule de Suif, prostituée.

18. C'est l'une des dimensions les plus intéressantes dans la présentation que Maupassant propose pour chacun de ses notables.
– M. Loiseau : son succès est fondé sur la ruine de son patron et sur un commerce douteux. Il passe pour un « *fripon madré* » (l. 247). L'anecdote qui suit est anticipée par une confirmation de cette malhonnêteté : « *sa réputation de filou était si bien établie* […] » (l. 249). Le lecteur retient donc surtout ce caractère très douteux du personnage.
– M. Carré-Lamadon est présenté implicitement lui aussi comme un « filou ». En effet, c'est un arriviste ou un calculateur rusé qui doit son engagement politique à une stratégie concertée plutôt qu'à des convictions sincères : « *chef de l'opposition bienveillante, uniquement pour se faire payer plus cher son ralliement à la cause qu'il combattait* » (l. 271 à 273). On devra sans doute expliquer la phrase aux élèves ou du moins vérifier sa juste compréhension ! Le trompeur est trompé, puisque la phrase suivante suggère une certaine complaisance de sa femme à l'égard de jeunes officiers.
– Enfin le passé du comte de Bréville, haute figure de l'aristocratie, est lui aussi quelque peu entaché… Il devrait ses origines mais aussi son titre et son succès aux infidélités d'une aïeule avec Henri IV, rumeur que la ressemblance semble confirmer. À ce passé incertain s'ajoute un mariage lui aussi mystérieux

et l'on peut se demander si le « *petit armateur de Nantes* » (l. 292) n'est pas venu renflouer le navire financier du comte.

19. « *Aussitôt qu'elle fut reconnue, des chuchotements coururent parmi les femmes honnêtes, et les mots de "prostituée", de "honte publique" furent chuchotés si haut qu'elle leva la tête* » (l. 350 à 353). Ce passage est intéressant à double titre. Maupassant ne choisit pas le discours indirect ou indirect libre pour évoquer la conversation que tiennent les jeunes femmes. Il se place délibérément du côté de Boule de Suif pour évoquer ce qu'elle peut percevoir des chuchotements. Les seuls mots qu'elle peut percevoir du discours tenu par les femmes « rentées » sont ceux qui sont cités. Il y a donc un double phénomène.
– Les mots sont ceux que prononcent les femmes mais ils ne sont pas intégrés à un discours indirect ou à un discours indirect libre ; les guillemets signalent cette délégation de parole, l'insertion de cette énonciation dans le récit.
– Les mots sont ceux que peut percevoir Boule de Suif ; les guillemets signalent aussi ce qu'elle retient, ce qui est perceptible dans ces chuchotements plus ou moins discrets.

20. Le narrateur est volontiers ironique à l'égard des notables et des personnages. En revanche, la présentation qui est faite de Boule de Suif est assez bienveillante. D'autre part, on peut profiter de cette question pour montrer à l'œuvre un narrateur « omniscient » qui, par moments tout de même, semble abandonner cette position pour se placer au niveau de perception d'un personnage (*cf.* question 22). La présentation des personnages montre de façon exemplaire le travail d'un narrateur omniscient qui connaît le passé de ses passagers sans « restriction » de point de vue. Mais il ne nous décrit pas vraiment ensuite, de façon détaillée, les sentiments des personnages.

◆ *ÉTUDIER LE GENRE : LA NOUVELLE*

21. On peut discerner trois grandes étapes : la présentation des personnages ; la faim et les embarras du voyage ; le repas.

22. Les descriptions physiques sont assez peu détaillées (en dehors du paragraphe consacré au personnage principal). On peut en profiter pour rappeler que c'est généralement le cas dans une nouvelle. Le portrait de Loiseau, par exemple, occupe une seule phrase et présente une caricature du bourgeois tel qu'on le retrouvera par exemple chez Daumier : « *De taille exiguë, il présentait un ventre en ballon surmonté d'une face rougeaude entre deux* *favoris grisonnants* » (l. 261 à 263). On peut aussi en profiter pour établir un lien entre les portraits proposés dans cette partie et ces « bourgeois » décrits avec ironie que l'on rencontre dans la première partie.

23. La diligence est à la fois un lieu de promiscuité et de mélange (la prostituée et le démocrate côtoient bonnes sœurs, bourgeois et aristocrates) et un endroit où le partage symbolique se recompose avec l'exclusion du personnage féminin placé du côté des hommes, écarté des complicités féminines. Le partage social se retrouve aussi dans l'installation des passagers et leur disposition à l'intérieur.

24. La diligence prend du retard à cause des conditions météorologiques qui entravent sa progression.

◆ ÉTUDIER L'ÉCRITURE

25. Le portrait de Boule de Suif est le seul qui soit développé. Il constitue, dans la galerie des personnages présentés, une exception, un véritable morceau de bravoure.

Plusieurs images se succèdent qui suggèrent la nourriture copieuse et la présentent comme un mets appétissant.

– Comparaisons : « *grasse à lard* » (l. 337) ; « *doigts* […] *pareils à des chapelets de courtes saucisses* » (l. 338 à 339).

– Métaphores : « *pomme rouge* » (l. 342) ; « *bouton de pivoine* » (l. 343) ; « *ombragés* » (l. 344) ; « *meublée* » (l. 346).

26. Le portrait de chacune des bonnes sœurs ressemble à une caricature : peu de détails sont retenus et chacun est négatif (à part l'adjectif « *jolie* », l. 310). La première est résumée à une face défoncée par la petite vérole. La seconde apitoie par son aspect souffreteux. Leur point commun est donc la maladie.

◆ RECHERCHES, EXPOSÉS ET DÉBATS

27. Document annexe : l'article du *Journal du Havre* daté du 5 janvier 1871. On peut proposer aux élèves une activité après lecture et analyse de cet article : comment imaginent-ils maintenant la suite de la nouvelle… ? Et l'on peut organiser un débat pour confronter les différentes versions. On leur demandera d'imaginer la conclusion qu'ils donneraient à leur histoire…

« UNE NOUVELLE ATROCITÉ DES PRUSSIENS

Mes chers amis,

Sous le coup de l'indignation la plus vive, je viens vous raconter une nouvelle infamie des Prussiens, dont j'ai été témoin pendant mon voyage.

Vous savez, sans doute, que les Prussiens ont permis l'établissement d'un service de diligences entre Rouen et Dieppe. J'ai usé de ce mode de locomotion afin de me réfugier au Havre. Sauf quelques légers désagréments, tout alla bien jusqu'à Tôtes. Là, le conducteur reçut du poste prussien l'ordre de s'arrêter. L'officier qui commandait ce détachement nous demanda brutalement nos papiers.

Parmi nos compagnons de voyage se trouvait une jeune et charmante femme, que les façons de l'officier prussien paraissaient fortement impressionner. À peine le blond Germain eut-il levé les yeux sur le passeport de la voyageuse, qu'une méchanceté diabolique se refléta sur ses traits. Il venait d'apprendre que notre compagne était artiste dramatique. Dès lors, il n'accorda plus qu'une médiocre attention aux autres passeports, et dit à l'actrice : "Madame, vos papiers ne sont pas en règle : il faut me suivre." En vain l'actrice essaya des explications. Le Prussien ne voulut rien entendre, et cria au conducteur : "Vous ne repartirez que dans quatre heures."

Plus morte que vive, l'actrice fut obligée de se soumettre à la force, et de suivre son insolent conducteur dans l'auberge voisine, sévèrement gardée par un poste nombreux. Forcés d'interrompre notre voyage, nous attendîmes patiemment, pendant quatre mortelles heures, en nous garantissant du froid le mieux possible.

Cinq heures, six heures se passent : l'officier ne reparaît pas. Notre inquiétude devient telle que nous prenons la résolution d'aller demander des explications au poste prussien qui, pour toute réponse, nous présenta la pointe de ses baïonnettes.

Bref, ce n'est que le lendemain matin, à neuf heures, que notre compagne nous fut rendue. Ses traits étaient défaits, elle pleurait à chaudes larmes, et c'est au milieu des sanglots qu'elle put s'écrier : "Mon Dieu ! Je suis perdue." On comprendra que nous n'ayons pas voulu augmenter cette douleur en lui demandant des explications trop faciles, d'ailleurs, à deviner.

L'officier, d'un air de triomphe bestial, ordonna au conducteur de partir, du même ton dont il aurait commandé la charge en douze temps. Enfin, nous pûmes arriver à Dieppe où nous avons laissé la pauvre jeune femme dans un état à faire pitié. Si violent était son désespoir, que nous craignions vraiment pour sa raison !

Cette jeune actrice appartenait au théâtre de Rouen, et même, si je ne me trompe, elle a dû faire partie, il n'y a pas bien longtemps, de la troupe du Havre, où elle s'était toujours fait remarquer par la régularité de sa vie. »

IIIᴱ PARTIE (pp. 41 à 57)

◆ QUE S'EST-IL PASSÉ ?

1. Les réponses sont : *a)* Tôtes – *b)* du Commerce – *c)* officier allemand – *d)* Mlle Élisabeth Rousset – *e)* M. Loiseau.

◆ AVEZ-VOUS BIEN LU ?

2. Boule de Suif refuse d'abord de se rendre à la convocation de l'officier.

3. Le comte de Bréville intervient alors pour tenter de la convaincre. On peut commenter alors l'argumentation en trois temps du comte, premier indice de son pouvoir de conviction et de sa stratégie active de « collaboration » avec l'autorité militaire… Premier argument : le refus de Boule de Suif peut nuire à tous (pas seulement à elle). On voit immédiatement percer la motivation profonde de l'intervention du comte : la gêne occasionnée par ce contretemps. Deuxième argument énoncé avec un présent de vérité générale pour affirmer une vérité indiscutable : on doit obéir à l'autorité du plus fort ! « *Il ne faut jamais* » (l. 693) peut faire ici l'objet d'un commentaire pour montrer que la généralisation proposée par la rhétorique impersonnelle et l'adverbe est fort contestable (voir le sujet de débat, question 20, p. 32). Enfin troisième argument : la convocation ne présente pas de danger (« *assurément* », l. 695, est une affirmation gratuite, une pétition de principe) et le comte tente alors de justifier ce dernier argument en proposant lui-même une explication : la formalité oubliée.

4. Si l'officier allemand appelle Boule de Suif « Élisabeth Rousset », c'est évidemment qu'il ne peut connaître son surnom. Mais au-delà de cette remarque, il faut ajouter une idée (rarement mise en évidence par les commentateurs…) : l'officier allemand ne connaît ni son surnom, ni son activité « professionnelle » qui n'est pas indiquée sur sa carte d'identité. S'il choisit, c'est donc uniquement parce qu'elle est la seule femme célibataire disponible. Autrement dit, ce que d'autres passagers tenteront parfois de justifier (son métier doit la pousser à accepter sans vergogne), ne fait pas partie des calculs du militaire allemand.

5. M. Follenvie est asthmatique.

6. Cornudet manifeste directement son approbation après le discours de Mme Follenvie.

◆ ÉTUDIER LA GRAMMAIRE

7. *a)* Subordonnées relatives.

– « *dont la bâche avait un toit de neige* » (l. 835) : le pronom relatif « *dont* » est Ct du nom « *voiture* » ;

– « *où l'on apercevait des soldats prussiens* » (l. 841) : le pronom relatif « *où* » est CC de lieu du verbe « *apercevait* » ;

– « *qu'ils virent* » (l. 842) : le pronom relatif « *qu'* » est COD du verbe « *virent* » ;

– « *qui pleurait* » (l. 844) : le pronom relatif « *qui* » est sujet du verbe « *pleurait* » ;

– « *dont les hommes étaient à "l'armée de la guerre"* » (l. 846-847) : le pronom relatif « *dont* » est Ct du nom « *les hommes* » ;

– « *qu'il fallait entreprendre* » (l. 848) : le pronom relatif « *qu'* » est COD de « *il fallait entreprendre* ».

b) Natures et fonctions.

– « *qu'on partirait à huit heures* » (l. 833) : subordonnée complétive, COD du verbe « *avait décidé* » ;

– « *dans la cuisine* » (l. 834) : groupe nominal (prépositionnel), CC de lieu du verbe « *se trouva* » ;

– « *solitaire* » (l. 836) : adjectif qualificatif, attribut du sujet « *la voiture* » ;

– « *on* » (l. 837) : pronom indéfini, sujet du verbe « *chercha* » ;

– « *le premier* » (l. 841) : pronom numéral ordinal, sujet du verbe « *épluchait* » ;

– « *du coiffeur* » (l. 843) : groupe nominal, Ct du nom « *la boutique* » ;

– « *le* » (l. 844) : pronom personnel, COD du verbe « *berçait* » ;

– « *pour tâcher de l'apaiser* » (l. 845) : groupe infinitif prépositionnel, CC de but du verbe « *berçait* » ;

– « *par signes* » (l. 847) : groupe nominal (prépositionnel), CC de moyen du verbe « *indiquaient* » ;

– « *à leurs vainqueurs* » (l. 847) : groupe nominal prépositionnel, COI du verbe « *indiquaient* ».

8. Quatre subordonnées conjonctives de temps.

– « *Une demi-heure était nécessaire pour l'apprêter ; et, <u>pendant que deux servantes avaient l'air de s'en occuper</u>, on alla visiter les chambres* » (l. 668 à 670).

– « *Enfin on allait se mettre à table, <u>quand le patron de l'auberge parut lui-même</u>* » (l. 673-674).

– « *<u>Quand il buvait</u>, sa grande barbe, qui avait gardé la nuance de son breuvage aimé, semblait tressaillir de tendresse* » (l. 723-724).

– « *Quand il y a des gens qui font tant de découvertes pour être utiles, faut-il que d'autres se donnent tant de mal pour être nuisibles !* » (l. 759 à 761). On peut ici expliquer que ce « *quand* » a aussi une nuance d'opposition qui vient accompagner ou renforcer l'antithèse « utiles-nuisibles ». On peut donc le remplacer par « au moment où » et « alors que ».

9. Trois verbes au subjonctif.

– « *Bien que la diligence fût immobile, personne ne descendait* » (l. 620-621) : subjonctif imparfait du verbe « être » dans une subordonnée conjonctive d'opposition introduite par « bien que ».

– « *Bien qu'il fût fanatique des illustres capitaines, le bon sens de cette paysanne le faisait songer à l'opulence* » (l. 779 à 781) : même explication que dans l'exemple précédent.

– « *On voulut voir l'officier, mais cela était impossible, bien qu'il logeât dans l'auberge* » (l. 890-891) : même explication que précédemment, avec le verbe « loger » (au subjonctif imparfait que l'on rappellera : logeasse, logeasses, logeât, logeassions, logeassiez, logeassent).

◆ ÉTUDIER LE VOCABULAIRE

10. Le mot « *manufacturier* » (l. 910-911) est construit à partir du latin *manufactura*, qui désigne le « travail manuel », lui-même composé de deux mots : *manus* qui veut dire « la main » et *factura* qui signifie « le travail ». De nombreux mots français sont construits à partir du radical latin *manus* : manucure, manucurer, manuel, manufacture, manumission (affranchissement légal d'un esclave, d'un serf), manuscrit, manutention, manuterge (linge dont se sert le célébrant pour s'essuyer les mains au moment du « lavabo » pendant la messe)…

11. Le mot « *roussâtre* » (l. 652) est composé de l'adjectif de couleur « roux, rousse » et du suffixe péjoratif « âtre ». On donnera d'autres exemples pour préciser le sens du suffixe (« qui n'a pas la pureté de », « qui tend vers ») : jaunâtre, verdâtre, grisâtre, blanchâtre…

12. Le mot « *irascible* » (l. 706) est composé sur le nom latin *ira* qui signifie « la colère » et que l'on retrouve dans le mot aujourd'hui démodé « ire ». Le mot « irascibilité » est formé à partir de la même racine étymologique.

13. Le mot « *fanatique* » (l. 780) vient du latin *fanaticus* qui veut dire « inspiré », « en délire », mot lui-même dérivé de *fanum*, « le temple ». Le *fanaticus* a désigné le serviteur du temple avant de prendre le sens d'« inspiré par les dieux du temple ». Aujourd'hui, le mot a une connotation péjorative. Un fanatique fait preuve d'une croyance absolue qui le conduit à l'intolérance verbale ou à la violence à l'égard de ceux qui ne partagent pas sa foi.

14. Le mot « *goujaterie* » (l. 947) est formé sur le mot « goujat » qui serait dérivé d'un mot languedocien signifiant « le garçon », lui-même formé sur le mot hébreu *goya* qui signifie « la servante chrétienne ».

15. Champ lexical de la colère : « *exaspérée* » (l. 709), « *étouffement de colère* » (l. 989-990), « *éclata* » (l. 990).

16. Champ lexical de la peur : « *tressaillir* » (l. 616), « *effarées* » (l. 624), « *épouvante* » (l. 626).

◆ *ÉTUDIER L'ORTHOGRAPHE*

17. On peut relever deux adverbes en « ment » : « *subitement* » (l. 989) et « *violemment* » (l. 1000).

Formation et orthographe du mot « *violemment* » : l'adverbe de manière est dérivé d'un adjectif en « ent ». On peut rappeler à cette occasion la formation classique des adverbes en « ment ». Les adverbes en « ment » sont habituellement construits sur l'adjectif féminin. C'est le cas pour « vivement ». À ce radical, on ajoute le suffixe adverbial « ment » :

Exemples : long, longue, longuement ; grand, grande, grandement.

Rappelons alors que les adjectifs en « ent » et « ant » ont une construction différente :

– pour les adjectifs en « ent », l'adverbe se termine par « emment » ;

– pour les adjectifs en « ant », l'adverbe se termine par « amment ».

Exemples : prudent, prudemment ; intelligent, intelligemment ; savant, savamment ; galant, galamment.

◆ *ÉTUDIER UN THÈME : LA GUERRE*

18. On pourra confronter le texte proposé en complément du premier questionnaire (l'article de *Gil Blas*, signé par Maupassant, p. 11 de ce livret) pour mesurer comment l'écrivain utilise des arguments ou des idées qui lui sont propres et les insère dans la fiction. Il utilise ici deux personnages qui servent de relais : Mme Follenvie et le bedeau. On peut dire en introduction que les deux personnages font preuve d'un bon sens populaire et que leur critique prend en compte la réalité vécue d'une guerre faite et subie par les *« pauvres gens »* (l. 861) alors que ceux qui décident, *« les grands »* (l. 862), sont à l'abri dans des endroits moins exposés.

L'argumentation de Mme Follenvie reprend des idées développées dans l'article de *Gil Blas*. Son discours embraye avec une diatribe contre les Prussiens (leur hygiène et leur alimentation, thèmes fantasmatiques qui relèvent d'un patriotisme et d'un rejet de l'ennemi assez classiques). Très vite, cependant, ce rejet de l'ennemi s'accompagne d'un discours plus général sur l'inutilité des militaires. Mme Follenvie évoque d'abord les exercices physiques qui produisent une force inutile : les soldats détruisent, mais ne construisent rien : *« S'ils cultivaient la terre au moins, ou s'ils travaillaient aux routes dans leur pays ! »* (l. 752-753). De plus, ils profitent des richesses accumulées par les véritables producteurs. Une antithèse apparaît qui oppose alors les « massacreurs », les forces de destruction et les producteurs qui les nourrissent. L'opposition (que l'on retrouve dans l'article de *Gil Blas*) rebondit quand Mme Follenvie évoque les chercheurs (ceux *« qui font tant de découvertes »*, l. 759) et les militaires qui *« se donnent tant de mal pour être nuisibles »* (l. 760-761) !

La critique a pris de l'ampleur et la phrase qui suit le montre : ce n'est plus seulement le rejet des envahisseurs prussiens qui est en cause, c'est la guerre en tant que triomphe de la destruction et du meurtre. *« Vraiment, n'est-ce pas une abomination de tuer des gens, qu'ils soient Prussiens, ou bien Anglais, ou bien Polonais, ou bien Français ? »* (l. 761 à 763). On remarquera ici que les Prussiens sont intégrés comme les Français, mais aussi que la critique concerne (grâce aux mentions d'autres peuples) toutes les guerres et pas uniquement celle de 1870.

L'argument du nombre et de la loi qui est exposé ensuite développe une autre antithèse paradoxale (le mal s'oppose au bien de la seconde proposition) que Maupassant reprendra : on donne des décorations à ceux qui font tuer des masses, alors que celui qui tue est sanctionné par la loi et la société (*« on vous condamne »*, l. 764-765).

Le discours du bedeau prend le relais sur un autre terrain argumentatif : l'opposition entre le peuple des *« pauvres gens »* (l. 861) qui fait la guerre et ceux qui la décident, c'est-à-dire entre ceux qui la font sans la vouloir et ceux qui la veulent sans s'exposer directement.

19. Il faut faire une distinction entre l'officier prussien d'une part, présenté ici comme méprisant et imbu de son pouvoir de vainqueur, et les simples soldats d'autre part. Quand il accueille les passagers, l'officier est « *insolent comme les gens tout puissants* » (l. 646-647) et, quand il reçoit dans sa chambre les trois mandataires, il reproduit cette attitude : « *Il présentait un magnifique échantillon de la goujaterie naturelle au militaire victorieux* » (l. 947-948). Mais les soldats qui occupent le pays, eux, « *ne sont pas méchants* » (l. 853), selon le bedeau. Ce sont des hommes qui n'ont pas choisi de faire la guerre, qui regrettent leur pays, leur femme et leurs enfants. Ils sont davantage victimes de la guerre que vainqueurs : « *ça fournira une fameuse misère chez eux comme chez nous* » (l. 857-858)… Lorsque les hommes de la diligence cherchent le cocher, leur regard (la focalisation est alors précise) découvre ces soldats prussiens à l'œuvre : ils travaillent, sont affectueux avec les enfants et acceptent même les tâches les plus humbles sans rechigner apparemment et sans abuser de leur statut d'occupants !

20. Lorsque Boule de Suif informe les autres passagers des véritables motivations de l'officier prussien, la première réaction est l'indignation : « *Personne ne se choqua du mot, tant l'indignation fut vive* » (l. 998-999) ; « *C'était une clameur de réprobation contre ce soudard ignoble, un souffle de colère, une union de tous pour la résistance, comme si l'on eût demandé à chacun une partie du sacrifice exigé d'elle* » (l. 1001 à 1004). Même si la réaction de Cornudet semble la plus vive dans ce passage, la solidarité et l'unanimité de la réprobation caractérisent à ce moment la réaction des passagers.

◆ *ÉTUDIER LE DISCOURS*

21. Les relations entre Boule de Suif et Cornudet sont évoquées plus précisément dans deux passages : le premier se déroule dans la diligence et le regard de Loiseau (le « voyeur ») est clairement mentionné : « *et Loiseau, dont l'œil fouillait l'ombre, crut voir l'homme à la grande barbe s'écarter vivement* » (l. 608-609). Loiseau est ensuite présenté comme un observateur indiscret, une fouine lancée sur la piste des histoires d'alcôves : « *Loiseau, qui avait observé les choses, fit mettre au lit son épouse, puis colla tantôt son oreille, tantôt son œil au trou de la serrure* » (l. 793 à 795). Son point de vue sera utilisé pour observer le manège nocturne entre Boule de Suif et Cornudet. Le voyeur devient le point de vue focalisateur de la narration, comme si toute narration des secrets intimes montrait aussi le voyeur qui se cache derrière le narrateur…

22. Mme Loiseau apostropha les autres passagers : « Et si nous faisions une partie de trente-et-un ? Ce serait une distraction ! »

23. « *Le comte déclara avec dégoût que ces gens-là se conduisaient à la façon des anciens barbares* » (l. 1004 à 1006).

24. Mme Follenvie utilise une forme de mise en valeur orale fréquente : la reprise d'un groupe nominal par le démonstratif assez familier « *ça* » (l. 745). Les indicateurs émotifs que sont les points d'exclamation sont nombreux. Remarquons le néologisme populaire : « *ils ordurent* » (l. 748) formé sur le nom « ordure ». Notons aussi la tournure interrogative fautive : « *mais, si l'on ne devrait pas tuer tous les rois qui font ça ?* » (l. 774-775).

◆ ÉTUDIER LE GENRE : LA NOUVELLE

25. Les passagers arrivent le mardi soir assez tard (à l'auberge de Tôtes, donc). Puis ils passent la nuit, et le passage raconte l'attente du mercredi (du réveil au coucher).

26. Lors du repas du soir, le narrateur, après une évocation rapide des Loiseau et des bonnes sœurs, s'arrête sur le personnage de Cornudet. Plus particulièrement sur son goût pour la bière. On passe ensuite à l'évocation du couple Follenvie, puis le discours de Mme Follenvie (adressé en priorité à Mme de Bréville, pour des raisons de prestige social) prend le relais de la description. Les autres personnages restent silencieux et le narrateur ne les évoque pas.

27. Les passagers, avant de comprendre les intentions véritables de l'officier allemand (par la bouche de Boule de Suif), envisagent plusieurs hypothèses : ils sont retenus comme otages ; ils sont retenus comme prisonniers ; on veut leur faire payer une rançon.

◆ ÉTUDIER L'ÉCRITURE

28. La première évocation de M. Follenvie comporte une métaphore : « <u>*des chants de glaires*</u> *dans le larynx* » (l. 676-677). La seconde présente une comparaison et une métaphore : « *L'homme, râlant comme <u>une locomotive crevée</u>, avait trop <u>de tirage</u> dans la poitrine* » (l. 733-734).

29. Voir la réponse à la question 24.

◆ QUE S'EST-IL PASSÉ ?

1. Les réponses sont : *a)* le comte – *b)* Cornudet – *c)* l'officier allemand – *d)* M. Loiseau – *e)* M. Follenvie.

◆ AVEZ-VOUS BIEN LU ?

2. M. Loiseau envisage de se sauver à pied.

3. Boule de Suif pense subitement à son fils.

4. Cornudet ne participe pas au « complot » contre Boule de Suif.

5. Les religieuses vont soigner des soldats atteints de la petite vérole.

6. Le comte est le dernier à tenter une intervention pour convaincre Boule de Suif de se donner à l'officier prussien.

◆ ÉTUDIER LA GRAMMAIRE

7. *a)* Nature des mots soulignés : « *passant* » (l. 1082), gérondif ; « *dédaigneusement* » (l. 1082-1083), adverbe ; « *pour* » (l. 1085), préposition ; « *sa* » (l. 1085), adjectif possessif ; « *trois* » (l. 1087), adjectif numéral ; « *ainsi* » (l. 1088), adverbe ; « *cette* » (l. 1089), adjectif démonstratif ; « *si* » (l. 1089), adverbe ; « *qui* » (l. 1091), pronom relatif ; « *les* » (l. 1092), pronom personnel ; « *celui-là* » (l. 1093), pronom démonstratif ; « *fort* » (l.1094), adverbe ; « *toutes* » (l. 1094), adjectif indéfini.

b) Subordonnées : « *qui eurent, du reste, la dignité de ne se point découvrir* » (l. 1083-1084), subordonnée relative ; « *bien que Loiseau ébauchât un geste pour retirer sa coiffure* » (l. 1084-1085), subordonnée conjonctive de concession ; « *qu'il avait si cavalièrement traitée* » (l. 1089), subordonnée relative ; « *qui avait connu beaucoup d'officiers* » (l. 1091-1092), subordonnée relative ; « *qui les jugeait en connaisseur* » (l. 1092), subordonnée relative ; « *qu'il ne fût pas français* » (l. 1092), subordonnée complétive ; « *parce qu'il ferait un fort joli hussard* » (l. 1094), subordonnée conjonctive de cause ; « *dont toutes les femmes assurément raffoleraient* » (l. 1094-1095), subordonnée relative.

c) Temps : « *s'inclina* » (l. 1082), passé simple ; « *découvrir* » (l. 1084), infinitif présent ; « *ébauchât* » (l. 1084), subjonctif imparfait ; « *était devenue* » (l. 1086), plus-que-parfait de l'indicatif ; « *ressentaient* » (l. 1087), imparfait ;

« *être ainsi rencontrées* » (l. 1088), infinitif passé ; « *ferait* » (l. 1094), conditionnel présent.

8. Les deux premiers verbes conjugués au conditionnel sont : « *Qui l'eût su d'ailleurs ?* » (l. 1044) et « *Elle aurait pu sauver les apparences* » (l. 1044-1045). Ces phrases évoquent les pensées intimes des autres passagers, les hypothèses qu'ils forgent avant de découvrir leur inanité.

9. Une subordonnée interrogative indirecte : « *Loiseau, qui comprenait la situation, demanda tout à coup si cette "garce-là" allait les faire rester longtemps encore dans un pareil endroit* » (l. 1062 à 1064). Sa fonction grammaticale est COD du verbe « demander ».

◆ ÉTUDIER LE VOCABULAIRE

10. Le mot « *désœuvrement* » (l. 1036) est composé du préfixe négatif « dés », de l'ancien verbe « œuvrer » ou « ouvrer » qui voulait dire « travailler » et du suffixe nominal « ment ». Il désigne une absence d'activité qui engendre l'ennui.

11. Le mot « *populacier* » (l. 1118) a une connotation négative due au suffixe péjoratif « ace » et désigne le caractère vulgaire des propos tenus par Mme Loiseau.

12. Le mot « *servilités* » (l. 1092) est dérivé du latin *servus* qui désigne « l'esclave ». Des mots français comme « serf », « servitude » ou « servile » sont formés sur la même racine latine.

13. Étymologiquement, le mot « *enthousiasme* » (l. 1208) veut dire « transport divin » : il dérive de la racine grecque *theos* qui signifie « le dieu ». Beaucoup de mots français sont formés sur cette racine grecque : « théocratie », « théodicée »,« théologie », « théologien », « théosophie »…

◆ ÉTUDIER L'ORTHOGRAPHE

14. « Pendant toute l'après-midi, ils les laissèrent réfléchir. Mais au lieu de les appeler "mesdames" comme ils avaient fait jusque-là, ils leur disaient "mesdemoiselles", sans que personne sût bien pourquoi, comme s'ils avaient voulu les faire descendre d'un degré dans l'estime qu'elles avaient escaladée, leur faire sentir leur situation honteuse. »

◆ *ÉTUDIER UN THÈME : LE COMPLOT*

15. Dès le premier jour évoqué dans ces pages, le narrateur explique les changements qui s'opèrent. Mais Boule de Suif n'est pas exclue de la promenade et elle est encore intégrée au groupe féminin : « *Le déjeuner fut bien triste ; et il s'était produit comme un refroidissement vis-à-vis de Boule de Suif, car la nuit, qui porte conseil, avait un peu modifié les jugements. On en voulait presque à cette fille, maintenant* » (l. 1038 à 1041).

La seconde journée, durant laquelle Boule de Suif se rend à l'église, est l'occasion d'un changement notable puisque le groupe convient d'une stratégie commune. Une phrase annonce l'exclusion de Boule de Suif : « *Les femmes parlaient à peine à Boule de Suif* » (l. 1101-1102), ce qui n'était pas le cas la veille…

16. Les deux personnages qui restent en marge sont la plus jeune des religieuses et Cornudet.
a) Première journée : Mme Carré-Lamadon manifeste de l'intérêt pour l'officier allemand.
b) Deuxième journée : le groupe énumère les exemples historiques et religieux ; la religieuse la plus âgée et la comtesse évoquent l'exemple des saints ; la religieuse la plus âgée et la comtesse ont recours à la « *casuistique* » (l. 1244) ; la religieuse la plus âgée fait même appel à l'urgence humanitaire !
c) Troisième journée : le comte intervient et demeure avec Boule de Suif pour la convaincre de céder à l'officier allemand.
On remarquera ici l'importance de l'intervention assurée par la religieuse la plus âgée qui emploie sans doute l'argumentation la plus efficace pour convaincre Boule de Suif.

17. Boule de Suif, qui se place dans le rang des conservateurs au niveau politique (quand elle défend Napoléon III face à Cornudet), semble assez respectueuse à l'égard de la religion et même pieuse si l'on en croit sa réflexion au retour de l'église : « *C'est si bon de prier quelquefois* » (l. 1183). D'où l'importance des exemples religieux et de l'intervention de la religieuse la plus âgée.

18. L'argumentation, dans ces pages, ne vise qu'à avaliser et à enrober une conclusion ; Boule de Suif doit se sacrifier pour que les passagers puissent repartir. Bien sûr, la seconde partie de la proposition, présentée de cette façon, est informulable directement et les passagers craignent la « résistance » de la courtisane. D'où la stratégie qui s'élabore (le « complot ») pour justifier autrement la première partie de la proposition et saper les réticences morales de la jeune femme. La duplicité ou hypocrisie consiste ici à dissimuler des motivations personnelles par des justifications qui font appel à la morale héroïque du sacrifice.

19. Arguments majeurs pour convaincre Boule de Suif de se sacrifier :
– l'officier n'est pas si déplaisant et désagréable (Mme Carré-Lamadon) ;
– certaines femmes ont utilisé leur corps pour combattre l'ennemi et ont pu ainsi triompher héroïquement de cet ennemi ;
– les saints eux-mêmes n'ont pas toujours été exemplaires, ce qui n'empêcha pas l'Église de reconnaître leur vertu et de pardonner quand l'intention était juste ;
– le sacrifice ou le martyr est le comble de la foi ;
– l'acte importe moins que l'intention ;
– le retard des religieuses entraîne la mort des soldats qui attendent leur secours ;
– les passagers sont en danger ;
– ils seront reconnaissants à Boule de Suif ;
– Boule de Suif est supérieure aux femmes allemandes.

20. On peut organiser un débat, à ce stade, pour confronter les opinions des lecteurs et imaginer la suite s'ils n'ont pas lu les dernières pages. Quels sont ceux qui pensent que Boule de Suif va résister ? Quels sont ceux qui pensent qu'elle va se sacrifier et céder ? On peut à cette occasion envisager un nouveau scénario et l'écriture éventuelle d'une suite différente qui envisagerait la résistance de Boule de Suif.

◆ ÉTUDIER LE DISCOURS

21. Le couple Loiseau manifeste un mépris que la brutalité des formules et des mots traduit. On remarquera que ce vocabulaire est mis à distance par l'utilisation stratégique des guillemets (pour une citation que le narrateur signale comme telle sans l'intégrer à sa « voix narrative »). Le premier exemple est à cet égard très révélateur : « *Loiseau, qui comprenait la situation, demanda tout à coup si cette "garce-là" allait les faire rester longtemps encore dans un endroit pareil* » (l. 1062 à 1064).

Le jour suivant, le discours de Mme Loiseau est introduit par un commentaire critique du narrateur qui le met en perspective : « *Alors le tempérament populacier de Mme Loiseau éclata* » (l. 1118-1119). Le vocabulaire qu'elle emploie ensuite montre en effet une verve de poissarde arrivée et fière de son statut : « *cette gueuse* » (l. 1120), « *cette morveuse* » (l. 1127). Quant à l'évocation du cocher, elle montre d'abord la force du préjugé social dans son jugement, préjugé certes très « partagé » mais, en l'occurrence, la comparaison avec son mari ou un simple regard sur sa moitié devrait l'inciter à plus de mesure et de prudence… Son mari reprend ses invectives juste après le discours de sa femme. On remarquera la même stratégie narrative de mise à distance de sa « voix » par les guillemets : « *Loiseau, furibond, voulait livrer "cette misérable" pieds et poings liés à l'ennemi* » (l. 1139-1140).

22. Mme Carré-Lamadon est très sensible au charme des officiers, on le sait depuis la présentation du personnage. Elle confirme ses goûts dans tout ce passage et Maupassant s'amuse visiblement. Un premier exemple : « *La gentille Mme Carré-Lamadon semblait même penser qu'à sa place elle refuserait celui-là moins qu'un autre* » (l. 1163 à 1165). Après le discours de Mme Loiseau qui évoque un « viol » possible par l'officier allemand, la réaction de Mme Carré-Lamadon suggère pour le moins une « légère » ambiguïté : « *Les yeux de la jolie Mme Carré-Lamadon brillaient, et elle était un peu pâle, comme si elle se sentait déjà prise de force par l'officier* » (l. 1134 à 1137)…

23. Trois commentaires désobligeants du narrateur sur les comploteurs.
– Lors des préparatifs où le narrateur souligne la duplicité mais aussi l'excitation joyeuse des comploteurs, il présente le groupe féminin en insistant sur sa fausse pudeur. Il utilise à cette occasion un présent de vérité générale qui en dit assez long sur sa vision plutôt crue d'une aristocratie féminine duplice et cynique : « *Mais la légère tranche de pudeur dont est bardée toute femme du monde ne recouvrant que la surface, elles s'épanouissaient dans cette aventure polissonne* » (l. 1150 à 1153). Ce qui sera confirmé aussi par l'habileté supérieure (qui est ici un gage de dissimulation hypocrite) de la comtesse : « *La comtesse, plus assouplie que les autres aux duplicités des salons, l'interrogea* » (l. 1178-1179).
– Lorsque les comploteurs font étalage d'une culture historique approximative et douteuse, le commentaire du narrateur se révèle assez cruel : « *Alors se déroula une histoire fantaisiste, éclose dans l'imagination de ces millionnaires ignorants* » (l. 1192 à 1194). Duplicité et ignorance qualifient par conséquent le groupe des comploteurs.

– La perspective critique va être utilisée encore dans la présentation de la bonne sœur la plus âgée. On retrouve la tonalité anticléricale des passages antérieurs ainsi que le scepticisme de Maupassant à l'égard de la religion catholique et de ses serviteurs : « *Alors, soit par une de ces ententes tacites, de ces complaisances voilées, où excelle quiconque porte un habit ecclésiastique, soit simplement par l'effet d'une inintelligence heureuse, d'une secourable bêtise, la vieille religieuse apporta à la conspiration un formidable appui* » (l. 1237 à 1242). Quant à la présentation qui suit, elle insiste sur la rigidité fanatique de ce personnage.

24. On rappellera la réponse antérieure de Boule de Suif citée quelques pages auparavant : « *Vous lui direz à cette crapule, à ce saligaud, à cette charogne de Prussien, que jamais je ne voudrai ; vous entendez bien, jamais, jamais, jamais !* » (l. 991 à 993).

La réponse maintenant est : « *Non, monsieur* » (l. 1226).

Évidemment, le changement de vocabulaire et de ton traduit une mutation profonde du personnage dont les résistances sont entamées par l'intervention des autres protagonistes.

◆ ÉTUDIER LE GENRE : LA NOUVELLE

25. Le récit se déroule sur un plan chronologique strict : il n'y a pas de retour en arrière, de projection dans le futur et les évocations éventuelles d'un passé remémoré sont absentes (seule Boule de Suif se souvient de son fils au moment où les cloches résonnent).

26. Le premier réveil a lieu le jeudi : « *On se leva encore d'assez bonne heure le lendemain* » (l. 1032). Cette journée s'achève avec la phrase : « *Le dîner, silencieux, dura peu, et chacun monta se coucher, espérant dormir pour tuer le temps* » (l. 1098-1099). La journée du vendredi est celle du « complot » et de l'offensive verbale des convives. Elle s'achève avec cette phrase : « *Aussitôt le repas terminé on remonta bien vite dans les chambres pour ne descendre, le lendemain, qu'assez tard dans la matinée* » (l. 1286 à 1288).

La journée du samedi est celle de l'entrevue entre Boule de Suif et le comte. La phrase qui suit le quatrième extrait et amorce la dernière partie montre que la soirée est déjà avancée : « *L'heure du dîner sonna* » (l. 1316). Ces pages couvrent donc trois journées.

27. La première série d'exemples est délivrée par l'ensemble des comploteurs (voir la question suivante).

◆ *Étudier l'écriture*

28. La présence du pronom « on » pour désigner le groupe des comploteurs est importante dans ces pages même si les rôles se précisent et s'individualisent progressivement. On a vu l'importance de la comtesse qui organise quelque peu l'assaut tandis que son mari portera l'estocade. On a aussi souligné l'intervention décisive de la religieuse. On peut choisir le premier assaut du groupe pour mettre en évidence l'utilisation du pronom indéfini « on » qui permet de mêler les voix et de souligner l'opposition entre Boule de Suif et le groupe : « *on commença les approches* » (l. 1187) ; « *on cita des exemples anciens* » (l. 1188-1189) ; « *on cita toutes les femmes* » (l. 1196-1197) ; « *on parla même en termes voilés* » (l. 1202).

29. La série d'exemples commence avec l'évocation de deux couples : « *Judith et Holopherne* » (l. 1189) ; « *Lucrèce* [et] *Sextus* » (l. 1190). Une première gradation apparaît quand est mentionnée « *Cléopâtre* » (l. 1190) : en effet, celle-ci n'est plus évoquée dans une simple relation duelle de couple mais dans une relation à une multiplicité indéterminée que l'indéfini « *tous* » (l. 1191) et le pronom personnel indéterminé « *les* » (l. 1192) accentuent. La fin de la phrase souligne le triomphe de Cléopâtre et l'ensemble réduit les « *généraux ennemis* » (l. 1191) à l'état d'objets (grammaticaux et symboliques) que la redondance « *servilités d'esclave* » (l. 1192) accentue.

L'amplification se poursuit avec la phrase suivante, puisque ce sont désormais les citoyennes de Rome qui interviennent non seulement face à « *Annibal* » (l. 1195) mais aussi à « *ses lieutenants* » (l.1196) et même « *les phalanges des mercenaires* » (l. 1196). La gradation ascendante est très nette ici, puisque l'on passe du chef aux officiers, puis des officiers aux soldats dans leur ensemble. La gradation se poursuit avec la dernière phrase de ce paragraphe dans laquelle sont évoquées « *toutes les femmes* » (l. 1197). On remarquera que le vocabulaire guerrier, qui assimile l'acte sexuel à un acte héroïque de résistance et même de combat, se diffuse largement dans cette phrase grâce à des métaphores et à un vocabulaire choisi : « *arrêté les conquérants* » (l. 1197) ; « *un champ de bataille* » (l. 1198) ; « *une arme* » (l. 1199) ; « *vaincu* » (l. 1198), « *sacrifié* » (l. 1200).

30. Les mots valorisants, dans cette évocation, sont nombreux : « *caresses héroïques* » (l. 1199) ; « *sacrifié* » (l. 1200) ; « *dévouement* » (l. 1201) ; « *perpétuel sacrifice* » (l. 1211).

31. On relira avec les élèves le paragraphe qui commence par : « *On prépara longuement le blocus* » (l. 1166) et on en profitera pour expliquer la « métaphore filée ». Les mots qui filent la métaphore guerrière sont en effet nombreux : « *blocus* », « *forteresse* », « *investie* », « *manœuvres* », « *plan des attaques* », « *ruses* », « *assaut* », « *citadelle vivante* », « *ennemi dans la place* ». Il sera peut-être utile de préciser que cette métaphorisation, qui assimile donc Boule de Suif à une citadelle assiégée et rebelle, montre clairement la collusion entre les comploteurs et l'officier allemand.

Vᴱ PARTIE (pp. 80 à 89)

◆ QUE S'EST-IL PASSÉ ?

1. Les réponses sont : *a)* M. Follenvie – *b)* M. Loiseau – *c)* Cornudet – *d)* Dieppe – *e)* Mme Loiseau.

◆ AVEZ-VOUS BIEN LU ?

2. Cornudet accuse l'assistance d'avoir commis « *une infamie* ».

3. Boule de Suif se présente la dernière pour prendre la diligence.

4. Au début du trajet, les bonnes sœurs prient.

5. Cornudet sifflote *La Marseillaise*.

6. Le dernier mot de la nouvelle est « *ténèbres* » : on peut en profiter pour montrer la portée symbolique de ce mot et d'une fin où les personnages s'enfoncent dans la nuit.

◆ ÉTUDIER LA GRAMMAIRE

7. « *Pourvu que nous la revoyions ; qu'il ne l'en fasse pas mourir, le misérable ! * » (l. 1349-1350). L'expression du souhait est souvent marquée par l'utilisation du subjonctif dans une proposition indépendante. « Pourvu que » est suivi de ce mode. Le verbe « revoir » est conjugué comme le verbe « faire » au subjonctif présent : (que) je revoie, tu revoies, il revoie, nous revoyions, vous revoyiez, ils revoient ; verbe « faire » : (que) je fasse, tu fasses, il fasse, nous fassions, vous fassiez, ils fassent.

8. Cinq subordonnées complétives sont présentes dans ce dernier passage :
– l. 1317-1378, « *M. Follenvie* […] *annonça que Mlle Rousset se sentait indisposée* » (COD de « *annonça* ») « *et qu'on pouvait se mettre à table* » (COD de « *annonça* ») ;
– l. 1367-1368, « *Elles déclarèrent que cela ressemblait à la limonade gazeuse* » (COD de « *déclarèrent* »), « *mais que c'était plus fin cependant* » (COD de « *déclarèrent* ») ;
– l. 1380-1381, « *Je vous dis à tous que vous venez de faire une infamie !* » (COD de « *dis* »).

9. Trois subordonnées conjonctives de cause sont présentes dans ce même passage :
– l. 1370-1371, « *C'est malheureux de ne pas avoir de piano parce qu'on pourrait pincer un quadrille* » ;
– l. 1386-1387, « *Comme on ne comprenait pas, il raconta les "mystères du corridor"* » ; on peut transformer cette phrase de façon à faire apparaître une subordonnée consécutive : « On ne comprenait pas, si bien qu'il raconta les "mystères du corridor" » ;
– l. 1394, « *Parce que le Prussien était dans la chambre à côté* ».

10. On trouve, l. 1449 à 1452, une subordonnée relative utilisant un relatif composé : « *Elle se sentait en même temps indignée contre tous ses voisins, et humiliée d'avoir cédé, souillée par les baisers de ce Prussien entre les bras duquel on l'avait hypocritement jetée.* » Le pronom relatif composé s'accorde avec son antécédent, contrairement au pronom relatif simple.

◆ *ÉTUDIER LE VOCABULAIRE*

11. Le mot « *infamie* » (l. 1381) est composé du préfixe négatif « in » et du radical latin *fama*, qui signifie « la renommée ». On peut donner d'autres mots de la même famille : « infâme » et « infamant », mais aussi « fameux » ou « mal famé ».

12. Le mot « *hypocritement* » (l. 1452) vient du bas latin *hypocrisia*, calqué sur le mot grec *hupokrisis* qui veut dire « jeu de l'acteur », « mimique » (du verbe *hupokrinesthai* qui signifie « jouer un rôle », « mimer »).Voici les commentaires proposés par Albert Hamon dans son livre *La Langue française sens dessus dessous*, Hachette Livre, 2000 :
« *L'hypocrite, c'est d'abord celui qui juge, qui explique, qui donne une réponse (il prend parfois le sens d'"interprète"). C'est aussi celui qui donne une réplique, d'où son*

sens d'"acteur". L'acteur, par définition, cache son jeu : c'est de là que découle le sens figuré et péjoratif de "fourbe", "trompeur". »

13. Le mot « *murmure* » (l. 1470) vient du latin *murmur* qui désigne un « bruit puissant », un « vacarme », un « grondement sourd ».

14. L'homonyme de « *cahot* » (au pluriel, l. 1543) est « chaos ». On expliquera la différence sémantique avant de proposer un exemple : « Cette guerre a plongé un pays entier dans le chaos. »

◆ *ÉTUDIER UN THÈME : LE REPAS DANS LA DILIGENCE*

15. Le repas fait ici écho au premier repas dans la diligence, analysé dans le deuxième questionnaire.

16. L'ordre dans lequel les passagers se mettent à manger est le suivant.
– Le premier à intervenir pour manifester sa faim est M. Loiseau. Il se met à manger en compagnie de sa femme après que celle-ci a sorti les victuailles.
– On voit ensuite la comtesse imiter le couple de commerçants. On peut noter ici qu'un rapprochement social s'est visiblement effectué (que traduit la complicité dans la conversation antérieure et l'évocation d'une amie commune) avec les Carré-Lamadon, puisque la comtesse déballe « *les provisions préparées pour les deux ménages* » (l. 1481-1482).
– C'est ensuite au tour des bonnes sœurs de manger.
– Cornudet est évoqué en dernier : il mange seul.
On attend donc l'évocation de Boule de Suif…
Signalons que l'initiative de Loiseau confirme ses appétits pressants et impétueux, ses difficultés à les contrôler, tandis que l'on remarquera aussi que le narrateur s'attarde surtout sur la richesse du repas déballé par la comtesse et sur l'absence de « distinction » de Cornudet. Autant le premier repas dans la diligence était l'occasion d'une réunion autour du panier de Boule de Suif, autant, cette fois-ci, le repas est l'occasion d'un repli sur les goûts et façons de chaque personnage. Ici, presque aucun partage entre les convives et nulle solidarité. L'exclusion de Boule de Suif est bien sûr remarquable, mais le décalage dans le temps des repas de chacun et l'absence de convivialité signalent aussi les séparations et les cloisonnements.

17. Les mets eux-mêmes peuvent donner l'occasion d'une lecture symbolique :
– le « *veau froid* » (l. 1478) va assez bien aux Loiseau (on peut penser que Maupassant métaphorise implicitement un personnage qu'il n'aime guère !) ;

– le mot « *faïence* » (l. 1483), qui fait écho lui aussi au premier repas et à la « *petite assiette de faïence* » (l. 1438) de Boule de Suif, et la description insistante qui suit soulignent la richesse du repas proposé pour le carré des notables ;
– le repas des religieuses est simple, comme celui de Cornudet.

18. Les bonnes sœurs ignorent complètement Boule de Suif et ne lui proposent pas une miette de leur repas. Elles n'ont pas un regard pour elle et ne s'aperçoivent pas de sa douleur, peu attentives qu'elles sont aux autres passagers…

19. Boule de Suif éprouve différents sentiments.
– Sa première réaction est la révolte coléreuse : le vocabulaire souligne ici la violence de ce sentiment : « *exaspérée* » (l. 1498) ; « *suffoquant de rage* » (l. 1498-1499) ; « *colère tumultueuse* » (l. 1500).
– Cette révolte se manifeste clairement dans l'évocation d'un désir réprimé, inhibé : « *elle ouvrit la bouche pour leur crier leur fait avec un flot d'injures* » (l. 1500-1501). Cette agressivité est entravée par « *l'exaspération* » (l. 1503).
– Elle se sent ensuite humiliée, « *noyée dans le mépris* » (l. 1505).
– Ce sentiment la fait basculer alors dans un dépit et une tristesse qui marquent la fin de la nouvelle et se manifestent par l'apparition des larmes. On remarquera ici que ces larmes sont implicitement désignées comme de clairs indices de pureté : « *comme les enfants* » (l. 1513) lance cette thématique qui est soulignée par la comparaison entre les larmes et « *les gouttes d'eau qui filtrent d'une roche* » (l. 1517-1518).

◆ *ÉTUDIER LE DISCOURS*

20. Les commentaires du narrateur sur M. Loiseau sont méprisants : « *son esprit de commis voyageur* » (l. 1343-1344) ; « *Bien que ces plaisanteries fussent d'un goût déplorable* » (l. 1351). Ces deux remarques montrent bien (en dehors même des plaisanteries grasses et douteuses du personnage) le regard du narrateur qui n'a aucune sympathie pour le commerçant. On en profitera pour montrer aux élèves comment se mêlent, dans la description, notations objectives et notations évaluatives.

21. « Tout à coup, Loiseau, la face anxieuse et levant les bras, hurla pour réclamer le silence. »

22. On peut comparer ce passage à la première évocation de Boule de Suif dans la diligence, où le narrateur reste extérieur et décrit le personnage, relate ses paroles sans évoquer longuement ses sentiments, son intériorité. Lors de ces dernières pages, la stratégie est différente et le narrateur entre plus clairement dans la conscience de son personnage pour évoquer les sentiments qui l'occupent (voir la réponse à la question 19). On peut préciser la réponse en utilisant deux phrases : « *Elle se sentait noyée dans le mépris de ces gredins honnêtes* » (l. 1504-1505) ; on commentera le verbe « *se sentait* » qui marque clairement la transparence des sentiments pour le narrateur. La phrase suivante montre, quant à elle, la transparence des pensées pour le narrateur : « *Alors elle songea à son grand panier tout plein de bonnes choses* » (l. 1507-1508).

◆ ÉTUDIER LE GENRE : LA NOUVELLE

23. L'action se déroule sur une soirée et une journée : le repas a lieu le samedi soir et le voyage vers Dieppe se déroule le dimanche.

24. On peut relever deux éléments de symétrie : le voyage en diligence vers Dieppe rappelle celui de l'aller jusqu'à Tôtes ; le repas dans la diligence fait aussi écho au premier repas.

25. Les deux derniers personnages évoqués avec attention sont les deux « marginaux » du groupe. On rappellera que, depuis le début du voyage, ils sont à l'écart des autres, soit en raison de leurs opinions ou de leurs goûts, soit en raison de leur profession et de la condamnation morale qu'elle suscite. Maupassant indique ainsi la très relative complicité entre ces deux personnages en marge du groupe et volontiers brocardés, par les Loiseau en particulier. Solidarité très relative puisque Boule de Suif n'a apparemment guère de sympathie immédiate pour Cornudet (leurs choix politiques sont opposés). Cornudet, quant à lui, réprouve verbalement les « notables » mais il ne s'interpose pas vraiment et il ne propose pas à Boule de Suif le moindre partage alimentaire…

◆ ÉTUDIER L'ÉCRITURE

26. Voici trois images qui qualifient des personnages.
– « *Mme Loiseau, qui était de la nature des orties* » (l. 1402-1403) : ici, la métaphore confirme la présentation fort négative du couple Loiseau.
– « *Sa fureur* [Boule de Suif] *tombant soudain, comme une corde trop tendue qui casse* » (l. 1510 à 1512) : la métaphore musicale traduit le changement brutal de tonalité sentimentale.

– « *Elle fit des efforts terribles, se raidit, avala ses sanglots comme les enfants* » (l. 1512-1513) : voir la question 19.

27. Un oxymore est une figure qui associe deux mots contradictoires dans une expression (« obscure clarté » étant l'un des exemples canoniques). L'expression « *gredins honnêtes* » (l. 1505) est évidemment un oxymore, mais on peut dire aussi qu'elle résume à elle seule l'intrigue et la perspective proposées par Maupassant dans cette histoire. Les notables sont des « gens honnêtes » socialement, ils ont un statut et jouissent d'une reconnaissance et d'un respect dûs à leur fortune ou à leur « réussite » financière. Mais la nouvelle dissocie évidemment plan social et plan moral, dans la tradition critique issue, entre autres, des Lumières et d'un humanisme bien compris : on peut être un notable et une crapule, on peut être négligeable socialement et admirable moralement…

28. Que viennent faire les « *pigeons* » (l. 1418) dans l'évocation du départ ? Est-ce un simple détail descriptif ou Maupassant s'amuse-t-il et donne-t-il à sa description une valeur symbolique et métaphorique ? Nous pencherions plutôt pour la seconde interprétation. « *Une armée de pigeons blancs, rengorgés dans leurs plumes épaisses* […] *se promenaient gravement entre les jambes des six chevaux* » (l. 1418 à 1421) peut ainsi désigner l'armée des notables partie à l'assaut de Boule de Suif et particulièrement satisfaite de sa démarche : les « *plumes épaisses* » désigneraient alors la carapace d'autosatisfaction qui protège le notable de toute mauvaise conscience. Dans cette perspective, la suite s'avère intéressante : l'œil rose taché au milieu d'un point noir peut métaphoriquement (pour ne pas dire psychanalytiquement !) renvoyer au cœur de ces bons bourgeois taché en son centre, ou encore à leur désir entaché d'une faute. La phrase mime un peu le mouvement déceptif et révélateur d'une nouvelle qui montre à l'œuvre la bassesse humaine, puisque ces « *pigeons blancs rengorgés* » que nous découvrons « *cherchaient leur vie dans le crottin fumant qu'ils éparpillaient* » (l. 1521-1522)… Que leur vie et leur survie dépendent des substances fécales qu'ils répandent, voilà une audacieuse lecture métaphorique pour désigner l'attitude des bourgeois dans l'auberge !

RETOUR SUR L'ŒUVRE (pp. 106 à 110)

1. *a)* faux (un mardi matin) ; *b)* vrai ; *c)* faux (il s'agit de la comtesse de Bréville) ; *d)* vrai ; *e)* vrai ; *f)* vrai (après M. Loiseau) ; *g)* faux (il s'agit de Cornudet) ; *h)* vrai ; *i)* vrai ; *j)* faux (il s'agit d'une soupe aux choux) ; *k)* faux (il s'agit d'un jeu de cartes) ; *l) faux* (c'est Loiseau qui propose cette option) ; *m)* faux (il s'agit du cocher de la préfecture) ; *n)* vrai ; *o)* vrai.

2. *1k – 2b – 3j – 4n – 5e – 6l – 7g – 8p – 9i – 10c – 11a – 12f – 13m – 14d – 15o – 16h.*

3. *a)* Boule de Suif – *b)* M. Carré-Lamadon – *c)* M. et Mme Loiseau – *d)* l'officier allemand – *e)* M. Loiseau – *f)* le comte de Bréville – *g)* Mme Loiseau – *h)* la comtesse de Bréville – *i)* Cornudet et l'officier allemand – *j)* Mme Carré-Lamadon – *k)* la bonne sœur la plus âgée – *l)* Mme Carré-Lamadon – *m)* Cornudet – *n)* Boule de Suif – *o)* M. et Mme Loiseau.

PROPOSITION DE SÉQUENCE DIDACTIQUE

Boule de Suif : étude de l'argumentation dans un récit.

LECTURE SUIVIE	EXPLICATION DE TEXTE	GRAMMAIRE / VOCABULAIRE	EXPRESSION ÉCRITE	ACTIVITÉS DIVERSES
Séquence 1 Débâcle et attitude des Rouennais face à l'occupant. Première description des voyageurs. *Questionnaire 1*, pp. 18 à 21.	Déroute des troupes françaises : début de la nouvelle.	Différents types de pronoms : repérages dans les trois premiers paragraphes et synthèse. L'utilisation des temps dans un texte narratif.	Rédaction d'un texte descriptif. Sujet proposé : « Imaginez que la diligence parte sous un soleil de plomb en plein mois d'août : modifiez ensuite les paragraphes descriptifs en conséquence. »	Documentation sur la guerre de 1870. Lecture de la partie historique dans le livre de l'élève et lecture du texte d'Edmond de Goncourt proposé dans le groupement de textes sur cette guerre de 1870.
Séquence 2 Présentation plus détaillée des voyageurs et premier repas dans la diligence. *Questionnaire 2*, pp. 37 à 40.	Description de Boule de Suif.	Adjectifs et subordonnées relatives.	Poursuite du travail sur la description : faire le portrait d'un passager supplémentaire.	Recherches sur Rouen ou sur l'occupation de Rouen pendant la guerre de 1870. Lecture analytique de la lettre de Gustave Flaubert (dans le groupement de textes).

LECTURE SUIVIE	EXPLICATION DE TEXTE	GRAMMAIRE / VOCABULAIRE	EXPRESSION ÉCRITE	ACTIVITÉS DIVERSES
Séquence 3 Premier soir à Tôtes. *Questionnaire 3,* pp. 58 à 61.	Critique de la guerre dans cette partie : analyse de tous les arguments présentés.	Conjugaisons du subjonctif et utilisations de ce mode à travers les exemples analysés. Poursuite du travail sur les subordonnées relatives.	Correction des divers exercices d'expression écrite consacrés à la description, puis synthèse sur le sujet suivant : « Les descriptions dans *Boule de Suif* et dans la nouvelle en général. »	Analyse de l'article de *Gil Blas* proposé en complément dans le livre du professeur. Synthèse : critique de la guerre et « antimilitarisme » de Maupassant.
Séquence 4 Complot contre *Boule de Suif.* *Questionnaire 4,* pp. 75 à 79.	Arguments du complot. Analyse détaillée des différentes stratégies et argumentations.	Différents types de subordonnées : compléments. Subordonnées complétives et subordonnées interrogatives indirectes, plus quelques exemples de subordonnées conjonctives.	Rédaction d'une lettre. On pourra demander aux élèves de choisir un des personnages présents dans la nouvelle et leur faire rédiger une lettre à un(e) ami(e) dans laquelle ils raconteront son voyage jusque-là.	Recherches : la prostituée dans la littérature (ou dans l'œuvre de Maupassant). Lecture de textes supplémentaires d'Émile Zola consacrés à la guerre de 1870.
Séquence 5 La « fête », le départ des voyageurs et leur repas dans la diligence. *Questionnaire 5,* pp. 90 à 93.	Le dernier repas dans la diligence.	Synthèse sur toutes les subordonnées.	Contrôle final sur *Boule de Suif.*	Correction du contrôle.

EXPLOITATION DU GROUPEMENT DE TEXTES

◆ ANALYSE DES TEXTES

1. Gustave Flaubert, *Correspondance*, « Lettre à George Sand du 22 juillet 1870 »

Analyser l'argumentation flaubertienne : Flaubert est-il convaincu par les motivations historiques et événementielles qui entraînent le déclenchement de la guerre ? Quelles sont les raisons réelles qui poussent les Français, selon Flaubert ? Quels mots marquent sa révolte et sa violente désapprobation ? Quels sont les mots placés en italiques dans cette lettre ? Pourquoi, selon vous, sont-ils distingués des autres ?

2. Edmond de Goncourt, *Journal. Mémoires de la vie littéraire*, 1887–1896

Que se passait-il à Paris aux dates indiquées pour ces extraits ? En quoi les images qui sont présentées dans le premier paragraphe sont-elles surprenantes ? Quelle est la lumière qui les baigne ? Quel changement majeur a subi Paris, selon Edmond de Goncourt ? Qu'est-ce qu'un texte descriptif ? Quels sont les sens qui sont privilégiés dans cette description de Paris ? Les subordonnées relatives et les adjectifs pourraient aussi faire l'objet d'un travail grammatical.

3. Victor Hugo, *Choses vues*, 1830–1848

Contexte : que se passe-t-il à Paris le 4 septembre ? Où est-il fait allusion à ces événements dans *Boule de Suif* (*cf.* la description de Cornudet et de ses ambitions nouvelles, le 4 septembre) ? Pourquoi Victor Hugo parle-t-il de « vingt ans d'exil » ? Victor Hugo manifeste-t-il un point de vue critique sur la guerre dans ce passage ? En quoi l'accueil de Victor Hugo peut-il paraître surprenant aujourd'hui ? À qui réserverait-on plutôt une telle réception de nos jours ?

4. Victor Hugo, *L'Année terrible*, 1872

Étudier les différentes personnifications de la guerre dans le poème. Observer les figures de style (l'oxymore, par exemple : « *une clarté plus noire que la nuit* », l'accumulation…).

5. Arthur Rimbaud, *Le Mal*, poème publié dans les *Cahiers de Douai*, 1870

Étudier l'organisation du sonnet, sa forme et sa structure antithétique. Expliquer le titre et la dimension « métaphysique » de la révolte dans ce poème. Analyser surtout les oppositions et les contrastes dans le texte.

6. Alphonse Daudet, *La Partie de billard*, conte publié dans les *Contes du lundi*, 1873

Analyser l'opposition, dans ce texte, entre l'attitude du maréchal et les simples soldats. Comment y est-elle soulignée ? On étudiera, par exemple, l'emploi de l'indéfini *« on »*.

7. Georges Courteline, *Pochades et chroniques*, 1871

Expliquer le contexte : la Garde nationale à Paris, le général Trochu et les demandes de *« sorties en masse »* pour briser le blocus prussien, les tentatives de sorties en janvier 1871 et les échecs subis. Quels éléments, dans ce texte, soulignent la faiblesse de la Garde nationale ? Quel est alors l'état d'esprit des soldats volontaires ?

8. Émile Zola, *L'Attaque du moulin*, 1880

Étudier le symbolisme du moulin. Relever les comparaisons et les métaphores dans ce texte. Observer l'opposition entre la victoire et la mort et entre les deux personnages, dans le dernier paragraphe.

◆ RECHERCHES ET LECTURES COMPLÉMENTAIRES

1. Qui est George Sand ?

2. La correspondance de Flaubert : recherchez une autre lettre dans laquelle il évoquera la guerre de 1870.

3. Recherche sur le Jardin d'acclimatation évoqué par Edmond de Goncourt.

4. Lectures complémentaires du *Journal* des frères Goncourt (janvier 1871, par exemple).

5. Comment les rues étaient-elles éclairées au XIXᵉ siècle ? Recherche et exposé.

6. Le siège de Paris : recherche d'illustrations.

7. La guerre en peinture.

8. Victor Hugo en 1870.

9. Les engagements politiques de Victor Hugo.

10. Les poètes et la guerre : recherche de textes.

11. Arthur Rimbaud : les poèmes de jeunesse. On pourra associer à l'étude du poème *Le Mal* celle du *Dormeur du val*, par exemple.

12. Lecture cursive des *Contes du lundi* d'Alphonse Daudet ou de la nouvelle citée *(La Partie de billard)*.

13. Les causes de la défaite française telles qu'elles apparaissent dans les textes cités.

14. Lecture cursive de *L'Attaque du moulin* d'Émile Zola. On pourra aussi proposer quelques extraits de *La Débâcle* ou du dernier chapitre de *Nana*…

BIBLIOGRAPHIE COMPLÉMENTAIRE

◆ ŒUVRES DE GUY DE MAUPASSANT

– *Contes et nouvelles*, collection « Bibliothèque de la Pléiade » (2 volumes), Éditions Gallimard, 1974-1979.

– *Contes normands et parisiens*, collection « Classiques Hachette », n° 34, Hachette Livre Éducation, 1993.

– *Le Horla et six autres nouvelles*, collection « Bibliocollège », n° 22, Hachette Livre Éducation, 2000.

– *Le Horla et autres contes fantastiques*, collection « Classiques Hachette », n° 48, Hachette Livre Éducation, 1994.

– *Pierre et Jean*, collection « Classiques Hachette », n° 97, Hachette Livre Éducation, 1993.

– *Une partie de campagne et autres contes*, collection « Classiques Hachette », n° 65, Hachette Livre Éducation, 1995.

– *Une vie*, collection « Classiques Hachette », n° 104, Hachette Livre Éducation, 1999.

◆ ŒUVRES CRITIQUES

– Bayard Pierre, *Maupassant, juste avant Freud*, Éditions de Minuit, 1994.

– Benhamou Noëlle, *Filles, prostituées et courtisanes dans l'œuvre de Maupassant (présentation de l'amour vénal)*, Presses Universitaires du Septentrion, 2002.

– Besnard-Coursodon Micheline, *Étude thématique et structurale de l'œuvre de Maupassant : le piège*, Éditions Gérard Nizet, 1973.

– Bloch-Dano Évelyne, *Chez Zola, à Médan*, Éditions Christian Pirot, 1999.

– Brighelli Jean-Paul, *Guy de Maupassant*, Ellipses Éditions Marketing S.A., 1999.

– Bury Marianne, *La Poétique de Maupassant*, SEDES, 1994.

– Brochier Jean-Jacques, *Maupassant, jeudi 1ᵉʳ février 1880*, Éditions J.-C. Lattès, 1993.

BIBLIOGRAPHIE COMPLÉMENTAIRE

– Chevrel Yves, *Le Naturalisme, étude d'un mouvement littéraire international*, Presses Universitaires de France, 1982.

– Cogny Pierre, *Maupassant, l'homme sans Dieu*, Éditions La Renaissance du Livre, 1968.

– Danger Pierre, *Pulsion et désir dans les romans et les nouvelles de Maupassant*, Éditions Gérard Nizet, 1993.

– Delaisement Gérard, *Maupassant, le témoin, l'homme, le critique*, Éditions du CNDP, Orléans-Tours, 1983.

– Frébourg Olivier, *Maupassant, le clandestin*, Mercure de France, 2000.

– Gellereau Michèle, *Boule de Suif*, collection « Parcours de lecture », Éditions Bertrand-Lacoste, 1991.

– Grojnowski Daniel, *Lire la nouvelle*, Éditions Dunod, 1993.

– James Henri, *Sur Maupassant, l'art de la fiction*, Éditions Complexe, 1987.

– Lecaillon Jean-François, *Les Français et la guerre de 1870*, Éditions Bernard Giovanangeli, 2004.

– Mayeur Jean-Marie, *Les Débuts de la IIIᵉ République (1871-1898)*, Éditions du Seuil, 1973.

– Plessis Alain, *De la fête impériale au mur des fédérés (1852-1871)*, Éditions du Seuil, 1973.

– Roth François, *La Guerre de 1870*, Librairie Arthème Fayard, 1990.

– Troyat Henri, *Maupassant*, Éditions Flammarion, 1989.

– Verucchi Isabelle, *Boule de Suif*, Ellipses Éditions Marketing S.A., 2000.

Imprimé en France par CLERC S.A.S. - 18200 Saint-Amand-Montrond
Dépôt légal n° 70617 - 03/06
Édition n° 01
16/9204/5